A NOTE ABOUT THE AUTHOR

Rosario Ferré is Puerto Rico's leading woman of letters. She has written novels, poetry, short fiction, children's books, biography, and literary criticism in Spanish and English. She received the Liberatur Prix in Germany for *Sweet Diamond Dust* in 1992, and was a National Book Award finalist for *The House on the Lagoon* in 1995. Her novels have been published in many languages and she translates her own fiction into Spanish. Her most recent novel, *Flight of the Swan,* was published in 2001. She lives in San Juan, Puerto Rico.

A NOTE ABOUT THE CO-TRANSLATOR

Alan West Durán is a poet, translator, and writer. He won the 1996 Latino Literature Prize for Poetry with *Finding Voices in the Rain.* He recently published *El tejido de Asterión o las máscaras del logos* (2000), a book-length poem, and translated Alejo Carpentier's *Music in Cuba* (2001).

Language Duel

Duelo del lenguaje

Language Duel

Duelo del lenguaje

Rosario Ferré

VINTAGE BOOKS
A Division of Random House, Inc.
New York

A VINTAGE ORIGINAL, JULY 2002

Some of the poems in this collection were first published in either Spanish or
English in the following publications:
Doubletake Magazine, Maryland Poetry Review, and *Massachusetts Review.*
Others appeared in the following anthologies or collections: *Anthology of
Contemporary Latin American Literature 1960–1984,* edited by Barry Luby
and Wayne Finke (Associated University Presses), *El Coro, Chorus of
Latino/a Literature, Massachusetts Review,* edited by Martin Espada (University of Massachusetts Press, 1997), *Fabulas de la garza desongrada* (Editorial Joaquín Mortiz, Mexico, 1982), *Las dos Venecias,* edited by Joaquín
Mortiz (Editorial Joaquín Mortiz, Mexico, 1992), *These Are Not Sweet
Girls: Poetry by Latin American Women,* edited by Marjorie Agosin (White
Pine Press, 1994), and *World Anthology of Women's Literature.*

Library of Congress Cataloging-in-Publication Data
Ferré, Rosario.
Language Duel = Duelo de lenguaje / Rosario Ferré.
p.   cm.
Vintage ISBN 0-375-71384-0
1. Ferré, Rosario—Translations into English.
PQ7440.F45 A24 2002
2002024966

Book design by Oksana Kushnir

www.vintagebooks.com

Printed in the United States of America
10 9 8 7 6 5 4 3 2 1

ACKNOWLEDGMENTS

I wish to thank Susan Bergholz, my agent, who has done so much for Latino literature in the United States; and George Andreou, my editor, for making this book possible. I also want to thank Alan West, co-translator and editor of many of the poems of *Las dos Venecias* and *Fables of the Bled Heron* into English.

AGRADECIMIENTOS

Quiero agradecerle a Susan Bergholz, mi agente literario, su incansable apoyo a mi obra, así como a la obra de muchos otros escritores latinos de Estados Unidos; también le agradezco sus esfuerzos a George Andreou, mi editor, quien hizo posible este libro. Mi agradecimiento a Alan West, co-traductor y editor de muchos de los poemas de *Las dos Venecias* y *Fábulas de la garza desangrada* del español al inglés, por sus valiosas sugerencias.

Contents

Índice

Poems from *The Two Venices*

Poems from *Fables of the Bled Heron*

The book *Fábulas de la garza desangrada* was published in Mexico by Editorial Joaquín Mortiz, in 1982. *Las dos Venecias* was also published by Editorial Joaquín Mortiz, in 1992.

Language Duel

Translated from the Spanish by Rosario Ferré

Duelo del lenguaje

Language Duel

Why is it that
in the year of our Lord 2,001
Americans have such a difficult time
learning Spanish?
Because of *E Pluribus Unum.*
Because of the Civil War.
Because Catholicism and Protestantism.
Because Papists and anti-Papists.
Because *La Leyenda Negra,*
which left King Philip II of Spain
tarred and feathered in his underwear,
sitting on the devil's rump.
I have a surprise for you:
it's for none of these reasons.
English and Spanish have been at war
since Queen Elizabeth sank
the Spanish Armada in 1588.
Language carries with it
all their fire and power.
It's still feuding in Florida,
Puerto Rico,
and California.
In fact, I swear
that as I talk to you
in English
about my right to speak
in Spanish,
I can hear the guns boom
and see the cannon balls roar
over my head.

Duelo del lenguaje

¿Por qué será
que en el año 2001
a los americanos se les hace tan difícil
aprender a hablar el español?
Por culpa del *E Pluribus Unum*.
Por culpa de la Guerra Civil.
Por culpa del catolicismo y
del protestantismo.
Por culpa de los papistas
y de los anti-papistas.
Por culpa de la Leyenda Negra,
que dejó al rey Felipe II
desplumado y en calzoncillos
sentado en el culo del Diablo.
Les tengo una sorpresa.
No fue por ninguna de estas razones.
El inglés y el español han estado en guerra
desde que la reina Isabel
derrotó a la Armada Invencible en el 1588.
Las lenguas transportan a bordo
todo su fuego y poderío.
Todavía están guerreando en la Florida,
en Puerto Rico,
y en California.
De hecho, yo les juro
que mientras discuto en español
sobre mi derecho a hablar inglés,
escucho rugir los cañones
y veo las bombas
salir volando sobre mi cabeza.

Not to take advantage
of the double perspective
and run full speed ahead
down parallel rails
seems a pity.
But there's nothing to be done.
Two male crabs
can't root in the same lair.

No aprovechar la doble perspectiva,
correr a toda marcha por los rieles
paralelos de ambos mundos
me parece una verdadera lástima.
Pero no hay nada que hacer.
Dos jueyes machos no caben
dentro de una misma cueva.

Language Current

English is like a nuclear reactor.
I'm in it right now.
As I shoot down its fast track
small bits of skin, fragments, cells
stick to my side.
Whole sentences gush forth
and slam themselves against the page
condensing rapid sprays of pellets
into separate words.
No excess baggage is allowed.
No playful, baroque tendrils
curling this way and that;
no dream time walkabout
all the way down to Australia.
In English you have to know where you're going:
towards the splitting of the self
or the blasting of the molecules around you.

Spanish is a very different tongue.
It's deeper and darker, with so many twists
and turns it makes you feel you're navigating
the uterus. Shards of gleaming stone,
emerald, amethyst, opal,
gleam in the dark as you swim
down its moist shaft.
It goes deeper than the English Channel,
all the way down the birth canal and beyond.

Corriente alterna

El inglés es un lenguaje aerodinámico.
En él los pensamientos se disparan
por el aire como relámpagos.
Cuando me desvelo, viajo en él
a 380,000 millas por hora.
No admite sobrepeso.
Tampoco el decorado barroco
que en español se enrosca juguetón
alrededor de las palabras.
No al paseo soñador de los aborígenes
que atraviesan descalzos los páramos de Australia.
El inglés tiene que saber adónde va:
hacia la fisión nuclear del yo,
o hacia el estallido de las moléculas que lo rodean.

Nuestra lengua es muy distinta.
Es húmeda y profunda,
con tantas curvas y meandros que nos hace sentir
astronautas del útero. Fragmentos
de cuarzo, ópalo, amatista,
resplandecen incrustados en sus muros
mientras descendemos por su oscuro pasaje.
Va mucho más allá que el Canal de la Mancha,
casi tan hondo como el canal
por el que llegamos al mundo.

A Crack in the I

On the island
the mountains are darker and sharper.
They burn like blue coals against the sky
and the almond trees
rustle like dry coral reefs over your head.
The blatant beauty of the landscape
presses down on you:
a load of stones belched out by the sun.
There are no barriers between your skin and its rays.
They penetrate deep into the marrow.

When I travel to the mainland
the island becomes a lot lighter:
a raft of memories
a green ice floe adrift on an indigo sea.
The sky is a glass bell
and I'm sitting inside its perfect bubble.
As I step outside, I block out the sun
and walk over my own shadow
lying severed on the floor.

La fisura del yo

En la isla
las montañas son más oscuras y afiladas.
Arden en carbones azules contra el cielo,
y los almendros
bullen arrecifes secos sobre mi cabeza.
La belleza demasiado obvia del paisaje
me oprime como una carga de piedras
vomitada por el sol.
No existen fronteras entre mi piel y sus rayos.
Penetran hasta el tuétano más profundo.

Cuando viajo al continente
la isla es mucho más liviana:
una balsa de recuerdos,
un témpano de hielo
que deriva por el índigo del mar.
El cielo es una campana de vidrio
y estoy sentada al centro de su burbuja perfecta.
Al salir fuera, eclipso el resplandor del sol
y observo mi propia sombra
desfallecida a mis pies.

La Parguera Bay

As we pushed off the pier
I could see St. Matthew, St. John, and St. Luke
radiant in their otherworldly brilliance,
nailed to the sky like diamonds.
Fixed in their stellar perfection
they had been writing the gospel for centuries.
The boat drifted silently downstream
and a mysterious realm opened before me
where strength had been silently gathering.
The sky was a womb full of stars
emptied on the mangrove swamp below.
I plunged naked into the water
and the ink rolled down over me
as sea blended into sky.
Fish skimmed their way around me
trailing searing paths that evaporated in an instant.
They flitted away like thoughts,
and cut the darkness swiftly with each stroke
as my body became one with the nocturnal liquid.

Writing is like swimming in that bay.
One must plunge beyond darkness,
fear of *fango* and devouring creatures,
gnarled root or smell of brine,
to the very edge of enigma.
Only then do we touch bottom
and come up swiftly for air.

Nadando en La Parguera

El bote se alejó del muelle
y San Mateo, San Lucas y San Juan
aparecieron clavados en el horizonte.
Fijos en su perfección astral,
llevan siglos dedicados al misterio
de la escritura como senda de salvación.
La corriente nos arrastró en silencio
y un reino misterioso se abrió ante nuestros ojos
donde la fuerza se había estado acumulando.
El cielo estaba oscuro como un útero
y por su boca invertida las estrellas
se derramaban sobre la bahía.
Me arrojé desnuda al agua
y el mar y el cielo sellaron sobre mi cabeza
su negrura unánime.
Criaturas tenebrosas me rozaron la piel
y dejaron sobre mi cuerpo un rastro luminoso
que se desvaneció al instante.

Escribir es como nadar en esa bahía.
Hay que sumergirse en las penumbras,
bajar sin miedo hasta ese lugar
donde se pierden la vergüenza y
la modestia, el horror al fango
y a las criaturas que se devoran
unas a otras en grutas misteriosas,
antes de tocar fondo
y subir
a respirar.

Coming Up the Archipelago

The words Carib and cannibal have the same root:
anyone from the archipelago knows that.
Speaking in tongues is one of our skills.
We love to suck the bone to get to the marrow
and imbibe the strength.
Our ancestors traveled from the Amazon basin
hopping from island to island.
They were fierce warriors and took pride
in their scarifications.
When they arrived in Puerto Rico they ate the Arawaks,
who were peaceful and planted manioc root.
Then the Spaniards arrived and ate the Caribs
who had swallowed the Arawaks whole.
Then the Americans came
and ordered everyone to speak English.
But Spanish (which had eaten Carib and had eaten
Arawak before them)
bred strong on their tongue.
Under the new empire
they managed to keep it.

Then a wave of Caribs rose from the archipelago
and rolled into the mainland.
Snow fell on them in avalanches
from ice-pick skyscrapers.
The North wind blew them down steel canyons
like so much sugar-cane chaff.
They took Spanish
and stowed it between their frail bodies

Subiendo por el archipiélago

Caribe y caníbal tienen una misma raíz.
Los antillanos lo sabemos.
Nos gusta chupar el tuétano
para adquirir su fuerza,
y hablar en lenguas extrañas
es una de nuestras destrezas.
Emigramos un día del Amazonas
navegando de isla en isla.
Éramos guerreros feroces, orgullosos
de nuestras escarificaciones.
Cuando llegamos a las Antillas Mayores
nos comimos a los arauacos,
que eran pacíficos y sembraban yuca.
Entonces los españoles desembarcaron
y nos engulleron sin compasión a su vez.
Cuando los americanos pisaron tierra
ya estábamos acostumbrados:
nos ordenaron hablar inglés
y olvidar todo lo demás.
Pero el español
(que engulló a los caribes
que se tragó a los arauacos)
estaba tan arraigado en nuestra lengua
que no hubo manera de sacarlo.
Entonces una ola tremenda se levantó de las islas
y fue a dar contra tierra firme.
El hielo se desprendió de los punzones-rascacielos
y nos arropó con su manto.
El viento nos empujó por los desfiladeros

and the worn-out wool
of their Salvation Army overcoats.
They didn't want anybody to see it.
Spanish was a dangerous umbilical cord
that kept them connected to the islands,
to hunger and death,
to tattered humiliation.
In English they could find work,
build a roof over their heads.
They tried to hide Spanish so hard!
But it trailed behind them in give-away rags,
in strands of *cilantro* and *ropa vieja*.
They had eaten Carib that had eaten Arawak before them.
No matter what they did
they couldn't get rid of their accent.

So they set out to erase Spanish
from their tongues.
They scrubbed them with corn husks
and whisk brooms,
even with Brillo pads when necessary.
They did all they could
to learn an English so pure
it snowed straight off Queen Victoria's bonnet.
Not even a hint of an *ajo* or a *carajo*,
not the slightest whiff of a *coño* or a *cebolla*.
Under Queen Victoria's bonnet?
Unthinkable!
Next to an American passport,
perfect English was the second most convincing proof
of American citizenship.
Seeing their parents so in earnest,
the children followed suit.
They picked Spanish from their tongues
as if it were a fish bone,

de cristal y hierro como bagazo de caña.
Aterrados, guardamos el español
dentro de los rotosos abrigos que nos regaló
el Salvation Army.
Era una placenta peligrosa
que nos mantenía conectados a las islas,
al hambre y a la muerte,
a la traidora humillación.
En inglés podíamos encontrar trabajo,
levantar un techo sobre nuestras cabezas.

Era preciso ocultar el español
que devoró el caribe
que se tragó el arauaco
pero lo arrastrábamos en hilachas
de cilantro y ropa vieja.
No importaba lo que hiciéramos,
no lográbamos librarnos del acento.

Entonces decidimos
exonerar de pecado a nuestros hijos.
Les cepillamos la lengua con tusa de mazorca,
con escobilla de enea,
hasta con *Brillo pad* cuando fue necesario.
Hicimos todo lo posible
por hablar un inglés
tan puro, tan absolutamente
perfecto, que nevara en copos
del bonete de la reina Victoria.
Ni la sospecha de un ajo
o de un carajo.
Ni el menor tufo a coño
o a cebolla.
¿Bajo el bonete nevado de la reina
Victoria? Imposible.

and hid their *sentimiento*
between skeleton and spirit.

Then a second wave of Caribs came up the archipelago
navigating from island to island.
Puerto Ricans were followed by Cubans,
Cubans were trailed by Haitians,
Haitians by Dominicans,
who had eaten French and had eaten Spanish
that had eaten Arawak before them,
and were ravenously hungry in turn.
They arrived in Florida half drowned, hanging onto rafts
made of rubber tires, gasoline drums, plastic surf boards,
paddling their dugout pirogues
right onto the pink sands of Coral Gables!
They were famished and paper thin from the voyage.
They had to hold on to each other
or the slightest breeze would blow them right back
down hurricane alley.
When they arrived they were told
whatever they had spoken
must be instantly forgotten.
Lengua, langue, cohoba, for example,
which had crossed the sea with them,
henceforth would be called "tongue."
But the Caribs were so famished
they took a stone ax by the handle,
chopped the English word "tongue" in two
and swallowed it whole.

Junto al pasaporte norteamericano
hablar un inglés perfecto era la prueba
más fidedigna de ciudadanía.
Al ver a sus padres tan angustiados
los hijos siguieron al pie de la letra
sus recomendaciones.
Se arrancaron la lengua
como si se tratara de una espina
y ocultaron sus sentimientos
entre el esqueleto y el espíritu.

Entonces una muchedumbre inmensa
repechó por el archipiélago hacia el continente.
Los cubanos siguieron a los puertorriqueños,
los haitianos a los cubanos,
los dominicanos a los haitianos
que se comieron el francés
que se tragaron el español
que devoraron el arauaco
y el caribe a su vez.
Estaban desfallecidos de hambre.
Llegaron a las costas de la Florida medio ahogados,
flotando en balsas de tubos de goma,
en tanques de gasolina vacíos, hasta en chiringas
de plástico que se remontaban por el agua
sin cola y sin navaja,
y fondearon sus piraguas de tronco
sobre las arenas rosadas de Coral Gables.
Estaban famélicos y casi transparentes.
Tenían que ingerir algo enseguida
o la menor brisa podría remolcarlos de nuevo
por el callejón de los huracanes.
Cuando llegaron les ordenaron deshacerse
de todo lo que había cruzado
el océano con ellos.

17

Lengua, *langue, cohoba*
en adelante se llamaría *tongue*.
Los que no lograran entenderlo
zarparían de inmediato
por donde mismo habían venido.
Pero los caribe que repecharon por el archipiélago
tenían tanta hambre
que agarraron el hacha petaloide por el mango,
picaron en dos la palabra *tongue*
y se la tragaron de un bocado.

Caribeat

The beat tells you who you are,
especially if you come
from the Carib.
Cuba is rumba
Santo Domingo merengue
Jamaica limbo
Colombia skips cumbia
Panama sings Rubén Blades,
and Ponce, my hometown,
blasts bomba
at every corner.

In Puerto Rico dances are so well
attended that a tax on them
provides enough money
to pave the sidewalks.
Bomba isn't just
a rhythm,
it's an existential
meditation for us.
No melody there, no
sugary niceties
for the *hacendados* strutting around
the casino's polished dance-floor.
Drums are gods:
Sicá, Yubá, and Elegguá.
You have to go barefoot to dance them,
you have to be bare palmed to play them.

Ritmo caribe

El ritmo revela el origen,
sobre todo en el litoral Caribe.
Cuba es rumba
Santo Domingo merengue
Jamaica limbo
Colombia salta la cumbia
Panamá canta Rubén Blades,
y Ponce, mi pueblo natal,
baila la bomba
en cada esquina de la plaza.

Nuestra gente es tan bullanguera
que el alcalde mandó a pavimentar
las calles cobrando
arbitrios sobre los
bailes.
La bomba para nosotros
no es un son,
es una meditación existencial.
No tiene melodía,
no conoce protocolos,
es grosera
y está desprovista
de todo refinamiento
azucarado.
Los congos son dioses:
Sicá, Yubá y Elegguá.
Hay que andar descalzos para bailarlos.
Hay que dormir desnudos para escucharlos.

Tum/ Tu Tum/ Tum/ Pá
Tum/ Tu Tum/ Tum/ Pá
Tum Tum/ Pá/ Tu Tum/ Pá/ Pá
Tum/ Tu Tum/ Tum/ Pá
Tum/ Tu Tum/ Tum/ Pá

Cueros and hands getting warm,
fingers drumming on skins,
light as rain
strong as an oncoming earthquake.

Tum/ Tu Tum/ Tum/ Pá
Tum/ Tu Tum/ Tum/ Pá
Tum Tum/ Pá/ Tu Tum/ Pá/ Pá
Tum/ Tu Tum/ Tum/ Pá
Tum/ Tu Tum/ Tum/ Pá

Cueros y palmas se van calentando.
Dedos que acarician la piel,
ligeros como la lluvia
recios como el terremoto que se acerca.

The Humble Foot

The harp of the toes
tucked diffidently inside the shoe, the soles
that flip anonymously behind you
as they travel to wherever
you command. So many things depend
on them. First is the ever-important question
of balance, the need to be in a solid
position at the start. The balls
of the tarsus planted like adaptable
roots, the bunions' red and slightly
swollen weather report,
the ankles'
strong staves connecting the base
to the peninsular columns
of the legs as they skim the ground.

The foot carries laughter
folded beneath its furrowed
arch, the refreshing
titillation of acupunctural
relaxation emanating from its
multiple flexible points.
When a foot is well placed
death and taxes still
stalk us, but they appear
less threatening.
The body complies
and accepts its destiny.

La humildad del pie

El arpa de los dedos
introducido anónimamente dentro del zapato,
la suela golpea ligera sus espaldas,
el pie viaja obediente a dondequiera
que le ordenen. Tantas cosas dependen
de él: en primer lugar está el asunto
inevitable del balance,
la necesidad de ocupar una posición
sólida al comienzo. Los tarsos
sembrados como rizomas
aéreos en el suelo,
los juanetes entumecidos
de las articulaciones
anunciando la variación del tiempo
en el termómetro de presión,
los tobillos fuertes y gruesos
conectados a la base de las
columnas peninsulares
de las piernas
que se desplazan a grandes trancos
por encima del pavimento.

El pie lleva la risa
doblada meticulosamente
debajo de su arco,
se siente
estimulado por el cosquilleo
titilante que mana
de sus múltiples puntos

Through the bare soles
of our feet
one day we will seep
quietly into the Earth
and become one with its warmth.

de contacto.
Cuando el pie está bien plantado
no hay que temerle a la muerte
ni a las contribuciones.
El cuerpo se conforma
y acepta su destino.
A través de su planta desnuda
la Tierra lo absorberá algún día
a su tibieza.

Miami Is a City of Tunnels

Miami is a city of tunnels.
Some begin on the Art Deco beach
and end at the bottom of the Caribbean.
Concrete overpasses standing on pylons
light up like electric hyacinths at night.
Elegant cars whip North to South at high speed,
and wind their way around skyscrapers
that change color like giant jukeboxes
when a quarter slits their side.
Others are spanned by swimmers
that surface naked on Biscayne Bay.
They crawl, kick, thrust their way
and come up breathing next
to the nickelodeons,
hungry as hell,
eager to join in the polyglot chorus.
The whole aurora borealis is in their song.
All the hues of the rainbow gleam on their skin.
Gaily colored words weave in and out
as the blabber of Babylon
echoes Vasconcelos' dream.

Miami es una ciudad de túneles

Miami es una ciudad de túneles.
Algunos comienzan en los balnearios art decó
y terminan en las profundidades del Caribe.
En las noches las autopistas se elevan
sobre pilones iluminados
como jacintos eléctricos.
Elegantes carrocerías se desplazan
de norte a sur a alta velocidad
y circunvalan los rascacielos
que cambian de color como las velloneras
cuando una moneda se les incrusta en el costado.
Otros le salvan la vida a los náufragos
que emergen de las aguas color turquesa
de Biscayne Bay.
Bracean, flotan,
se abren paso desesperados hasta la superficie
dando patadas poderosas,
respiran hondo
más hambrientos que el diablo y ansiosos por unirse
a la coral políglota que los aguarda.
Toda la aurora boreal está en su canto.
Todos los matices del arco iris les iluminan la piel.
Tejen y destejen el sueño de Vasconcelos
mientras Babilonia se derrumba en torno.

The Bones of Conquerors

In Miami you step over the bones of the Conquistadors
every time you walk on the sidewalk.
Many streets are named after them:
Ponce de León, Coronado, Cabeza de Vaca.
They came, they conquered and they died
before they were vanquished in turn.
But nothing perishes.
Yesterday is all around us like a breeze
swaying the palm trees.
Today the conquerors are here again:
Cubans, Haitians, Puerto Ricans.
The ocean is paved with their bones.

Los esqueletos de los héroes

En Miami uno se tropieza a cada paso
con los esqueletos de los héroes.
Muchas calles ostentan sus nombres:
Ponce de León, Coronado, Cabeza de Vaca.
Llegaron, vencieron y perecieron
bajo los cascos de la ambición y de la gloria.
Pero nada desaparece;
el ayer sobrevive en lo que vemos,
en el viento que agita las palmeras
en el sesgo que inclina a los navíos
al hundir sus quillas sobre el agua.
Hoy los Conquistadores están de vuelta:
los cubanos, los haitianos, los puertorriqueños.
El océano está empedrado
con los huesos de los héroes.

Juan de Oñate

Why
if New Mexico was settled
by Juan de Oñate
ten years before
the Pilgrims arrived in Massachusetts,
do you insist that Plymouth
Rock was the first colony?
Granted, Oñate was a beast,
and the first thing he did
was declare war on the Acoma
who were peaceful,
but eventually rebelled when he savagely
exploited them.
Then he went
and chopped off the feet
of 24 warriors!
He couldn't care less if the Pueblo
walked, he was from
the same town
as Hernán Cortés
and they were both pig herders.
They were used to killing hogs
at Christmas
and so thought nothing of
blood sausage, *chicharrón,* and feet
hanging from hooks, slowly
turning to be cured
in blue smoke.
Four centuries have gone by
and the Acoma still cry

Juan de Oñate

¿Por qué
si Juan de Oñate se asentó en Nuevo México
diez años antes de que los Peregrinos
desembarcaran en Massachusetts,
los norteamericanos insisten
en que Plymouth Rock fue
la primera colonia?
De acuerdo, Juan de Oñate era una bestia
y lo primero que hizo fue
declararle la guerra a los acomas
que eran gente pacífica,
aunque al fin y al cabo se rebelaron
cuando no pudieron más.
¡Mandó a picarle una pierna
a cada uno de los veinticuatro
guerreros de la tribu!
No le importaba un bledo
que los acomas
se quedaran rengos.
Él era del mismo barrio
que Hernán Cortés,
y ambos pastoreaban cerdos.
Estaban acostumbrados a degollarlos,
y les encantaba comer
morcilla y chicharrón
para la Navidad.
Las piernas de los jamones
girando lentamente de un gancho
curadas con humo azul
no los horrorizaban.

when they commemorate that tragedy.
Twenty four warriors limping
on bloody stumps!
What a publicity stunt!
Two hundred years later
Americans claimed
English as their Mother Tongue.
But today the Pueblo are back
marching without a limp,
both feet planted firmly
on *Madre Patria* ground.

Cuatro siglos han pasado
y los acomas todavía lloran
aquella tragedia.
¡Veinticuatro guerreros marchando
sobre una sola pierna!
¡Qué golpe tan astuto de publicidad!
Doscientos años más tarde
los norteamericanos reclamaron
el inglés
como su única lengua.
Pero las cosas han cambiado.
Hoy los acomas
están de vuelta
marchando sin el menor asomo
de una cojera,
ambos pies plantados firmemente
en la madre patria.

Saguaro Countdown

Alone in the cold desert night,
my flesh a green accordion
tightly pressed beneath
my suit of armor
I listen to the wind whistle softly
through a gap in my heart.
"Buenos días, Señor,"
I say to the Conquistador who strides
down the Santa Fe Trail,
his saddle bag full of modern gadgets
Sonorans have little use for.
I've stood here over a hundred years
and saw the Spanish Conquistador
march up this same route
looking for the fabulous city
of Cipango,
its walls made of gold
shining in the sun like hay.
In fact I was a Spanish Conquistador
myself, and know how soldiers feel
thirsty and a bit woozy
afraid to lose their bearings,
an eagle nest on their prickly head,
looking out for lizards and desert rats.
I've been speaking Spanish to the O'odhams,
and Hopi to the Pueblos for centuries
and hardly had time to grow
a stump or two on each arm
before the new Conquistadors arrived,
the English speaking Conquistadors.

La marcha de los saguaros

En medio de la noche recupero
el helado granizo del desierto
y lo absorbo con avidez dentro del sobre
aflautado y verde de mi pecho.
Mi armadura de espinas me distancia
para siempre del amor y la ternura,
mas no por eso ceso de alentar el viento
que arrulla mi corazón en calma.
"Buenos días, Señor",
le digo al Conquistador que desciende
por el sendero de Santa Fe
salpicando de sangre con sus botas
la dorada arena.
El español iba en busca del Cipango,
esa mítica ciudad de paja y oro
que llamea en la distancia su espejismo.
Armado como estaba y preparado
a dar fiera contienda al caminante,
seguí marchando inmóvil a su lado
y me supe también Conquistador de tierras.
Conocí el terror de los guerreros
temerosos de perder la brújula
que les asienta los cabales,
el águila que les anida en la cabeza
y el ojo cazador de ratas
que mora a la sombra de su tronco.
Casi no tuve tiempo
ni de crecer un muñón elemental en cada brazo
cuando un segundo Conquistador
hizo temblar a mi alrededor la pampa.

They are an eccentric lot.
They have been here less than three centuries
and have already forgotten
what came before them.
I never would have dared
claim I was the first *saguaro*
to march in the Sonoran desert.
A hundred thousand *saguaros*
speaking Hopi to the Pueblos
speaking Navajo to the O'odhams,
speaking Spanish to the Navajos
make me suspect
there are a hundred thousand *saguaros*
marching right behind us.

Los recién llegados guerreros
proclamaron en inglés ser los primeros
en hollar las arenas del Cipango,
olvidando los que aquí marcharon antes.
Yo jamás hubiera osado
reclamar ese derecho sagrado.
Como en el desierto todo parece engaño
nadie me cree cuando insisto
que los hopis conversaban con los pueblos,
que los pueblos conversaban con los o'odhams
que los o'odhams conversaban con los navajos
al llegar los castellanos.
De no ser un saguaro
que marcha en el desierto de Sonora
no estaría tan seguro
de que detrás de mí otros cien mil
vienen marchando.

27th Floor N.Y.

The apartment was beautiful.
It was lined with mirrors
which brought the skyscrapers inside
and spread them all around like
wallpaper at a 90 degree angle.
The skyline looked
like the stock market's index,
the phosphorescent red of the Dow
persistently racing the steeplechase
of dreams. I pushed the sliding door open
and stepped out on the balcony.
The Hudson snaked lazily towards dusk
and tugboats silently cruised it
as in a Georgia O'Keeffe painting.
The Triborough, the Brooklyn, the Verazano
burned voltaic arches in the distance
and three red and white chimneys
puffed away clouds
against the evening sky.
I drew near the railing
and looked down
27 floors to the sidewalk.
I stepped back trembling
from the sheer drop.
Apartments in New York

En el piso 27

El apartamento era hermoso.
Estaba forrado de arriba abajo de espejos
que reflejaban el horizonte
sembrado de rascacielos
90 grados a la redonda.
El firmamento repetía
el índice de la Bolsa
y el rojo fosforescente del Dow
competía con la velocidad
de los sueños.
Abrí la puerta corrediza
y salí al balcón a coger aire.
El Hudson zigzagueaba indolente
hacia el atardecer rojizo
y un remolcador silencioso
parecía salido de una pintura de
Georgia O'Keeffe.
Los arcos del Triborough, el Brooklyn y el Verazano
ardían voltáicos en la distancia
y tres chimeneas rojas y blancas
soplaban bocanadas de humo
contra la negrura del cielo.
Me acerqué a la barandilla
y dejé caer la mirada
27 pisos a la calle.

can be dangerous
because of the urge to dive
over the railing
to seize the poem
spread out below.

Di un paso hacia atrás
y me alejé temblando.
Un apartamento en Nueva York
puede ser peligroso
por la tentación que despierta en uno
de lanzarse a recoger el poema
que yace tendido a los pies.

La Dama de Elche

At the *Museo Arqueológico Nacional de Madrid*
I saw the bust of a lady
seven thousand years old.
Spain didn't exist when she was buried
amidst figs and prickly date palms
in a whispering olive grove
to the clash of systrums and cymbals.
She died young
and was covered with jewels from head to foot:
three necklaces clicked on her breast
jade and ivory tongues,
a crown of coral beads sat on her temples
and a wheel of hammered gold
rode on each side of her face.
Her eyes were slits
of kohl and rimmel,
her mouth a delicate bow
better to prick the blood of the devout with.
The Orient glimmered through her lids
and Africa hung from her hair
in Rasta braids bound with ivory nuggets.
No Greek simplicity in her,
no classical order surveying the forehead
of fine grained limestone,
her cheeks amber colored and smooth as marzipan
encased in their ornate chariot wheels,
a stone urn carved at her back
as she fearlessly carried the ashes of her own bones

La Dama de Elche

En el Museo Arqueológico Nacional de Madrid
vi el busto de una dama
que vivió en Europa
hace siete mil años.
España aún no se conocía como tal
cuando la enterraron en un olivar
al ritmo de los sistros
y de los címbalos con que los sacerdotes
acompañaron su canto fúnebre.
Murió joven
y la enterraron cubierta de joyas
de la cabeza a los pies:
la boca una herida delicada
del dios bárbaro que tendió sobre sus labios
el hechizo sensual de su arco,
las mejillas de grano fino como el mazapán,
alzadas en vilo sobre el carruaje magnífico
de sus zarcillos dorados.
Tres collares de lenguas de marfil y jade
resonaban tallados sobre el pecho,
y una diadema de corales le adornaba las sienes.
De sus ojos rasgados de kohl y rimel
irradiaba todo el misterio del Oriente,
y África le colgaba de los cabellos
trenzados con pepitas de marfil.
Cargaba sin miedo las cenizas de sus propios huesos
camino al otro mundo
en una urna de piedra incrustada a las espaldas.

into the underworld.
Drawn by her mystery
I reached out to touch her
and Elche turned to *Leche* on my lips:
the first Spanish word I suckled
at my mother's breast.

Fascinada por su misterio
me acerqué a tocarla
y en mi boca Elche se volvió Leche,
la primera palabra que mamé
del pecho de mi madre.

Spanish at the Ritz

Picture yourself in Gucci shoes,
well heeled, well schooled and entering a crowded
elevator, doing your best
to speak a perfect English.
Unfortunately for you
someone steps on your foot.
A *¡Coño!* bursts forth,
an expletive so
gross
it's like a bullet in the head.
The elevator boy draws
a conspiratory smile
wanting to make clear
that Spanish has its classy people too,
in spite of dirty words.
People stare
and discreetly
hold their breath.
Does that skin look a little dark?
Is that huge ass Cuban,
those oily
hair licks sitting insolently on the head
Puerto Rican?
Of course they are.
I wonder what the Ritz is coming to?

El español del Ritz

Imagínese calzado de Gucci
bien plantado, mejor trajeado y entrando
en un elevador atestado de gente.
Desgraciadamente para usted
alguien le tritura el pie.
Suelta un ¡Coño! más grosero
que una bala de cañón
y entorna la vista al suelo, avergonzado.
El chico del elevador
esboza una sonrisa cómplice
porque quiere dejar claro
que el español también tiene su gente de calibre
a pesar del vituperio.
Los pasajeros lo acechan de reojo
y contienen la respiración.
Esa piel, ¿no está un poco acaramelada?
Ese culo monumental, ¿no será cubano?
Esos ricitos grifos que se yerguen
insolentes sobre la cabeza,
¿no serán puertorriqueños?
"¡Claro que sí!", exclama.
"¿A dónde ha ido a parar el Hotel Ritz?".

Counterpoint

The bread-like breasts
rise through the morning mist
always evident, always exposed,
their double hills
stretched out easily towards the horizon.
"We are what we are,"
they whisper to each other snugly
in their private chamber.

Men hold their masculinity
a big secret. A playful pet,
carelessly aimed,
springs up to smell;
a hot-chili dog,
naughty puppy avidly wagging its tail
under our very nose,
comes up eyeless, tongueless
like a wordless thought,
or an image on the computer screen
that has never been printed.
The penis,
a blind diver
poking around primeval darkness.

Contrapunto

Los pechos
como panes gemelos
se yerguen, siempre visibles,
siempre expuestos
sobre la doble colina que se extiende
sin dificultad hacia el horizonte.
Tienen un propósito clave:
dar sustento.
"Somos lo que somos",
proclaman llanamente,
muy seguros de sí mismos
dentro de su alcoba privada.

El hombre tiene que luchar
por guardar su secreto:
un perro caliente
dentro del pantalón,
moviendo la cola y olisqueándolo todo,
un pensamiento sin articular,
un impulso juguetón en la pantalla
que todavía no se ha impreso
sobre la página.
El pene,
buzo ciego
hurgando en la oscuridad primordial.

A *Beso* Is Not a Kiss

A *beso* is like
eating leeches on a mountain top.
In a kiss Cleopatra
draws the asp to her breast
so as not to enter Rome
in chains.
There are mysteries of the tongue
that cannot be explained.

Un beso no es un *Kiss*

La palabra beso es como una joven
comiéndose una pomarrosa
en la cima de una montaña.
Kiss trae consigo
el silbido del áspid
que Cleopatra acercó a su pecho
cuando rehusó entrar a Roma
encadenada.
La lengua admite misterios
inexplicables.

Tongue Less

Warning! Spanish
might flare up at you one day
and put your life in danger.
It sharpens the tongue the same as sex
heightens desire. The more you *habla español*
the more Spanish
wants to be the official language
of this country.
Fortunately, it's easy to get rid of.
It simply takes
a judge ordering a mother
not to talk Brillo to a child,
a lawyer counseling
Ajax by immersion to a client
as he presents his case in court.
Soon you'll be an exemplary
monolingual, monotone
sparkling clean citizen,
and all your troubles will be over.
Spanish will get rusty, shrivel
and fall off
when you don't use it.

07-26·04

5   -5·99 IX 1
         -5·99 ST
         -0·52 IX 1

         -6·51 CA

000#7501
12-13 *

Deslenguado

¡Cuidado! El español puede
explotarle en la cara
y poner en peligro su vida.
Es como el sexo: aguza el deseo.
Mientras más se prohibe,
más se empeña este país
en hablarlo.
Nos recuerda el dicho:
meter, comer y rascar
todo es cuestión de empezar.
Por suerte
todavía es posible erradicarlo.
Sólo requiere
una orden judicial
que le prohiba a una madre
hablarle a su hijo en el idioma
de sus abuelos,
un abogado
que le recomiende a su cliente
el uso de los *Brillo pads*
en lugar del limpiador *Ajax*
de su lengua natal.
Pronto usted será
un ciudadano ejemplar,
monolingüe, monótono
y resplandecientemente limpio.
Sus problemas habrán tocado a su fin.
El español se le marchitará,
y acabará por caérsele
de la lengua.

Latino Halleluia

WASP is one dimensional,
has no rhythm,
is played by one chord: C Major,
Protestant and white.
Salsa plays first,
second and third chords;
swings
from white to black
minor to major,
Anglo to Sax.
Can break into a boisterous
¡ECUAHEY!
followed by a HALLELUYA!

Aleluya latino

WASP:
una sola dimensión,
sin ritmo,
monocorde,
siempre en do mayor,
Protestante y blanco
SALSA:
multidimensional,
multicultural,
multirracial,
de teclas blancas y negras,
en si menor o mayor,
en Anglo y en Sax,
terminando con un
¡ECUAHEY!
seguido por un ¡ALELUYA!

The Poem

He was powerful as an angel
and too proud to admit it.
We struggled in dawn's darkness
as a swarm of angels
went on circling
above us.
He didn't say a word,
but sank stubbornly
into silence,
as His right
eye, burning with divine light,
slid away and refused to acknowledge me.
I twisted His arm in a vise
and forced Him to kneel down
beside me.
So the poem was born
between us.

El poema

Era fuerte como un ángel
y demasiado soberbio para reconocerlo.
Luchamos en la penumbra del amanecer
mientras una muchedumbre de ángeles continuaba
girando sobre nuestras cabezas.
No pronunció una sola palabra.
Se hundió tercamente en el silencio,
y su ojo derecho,
ardiendo con una luz divina,
se deslizó sobre mí.
Pero rehusó reconocerme.
Torcí su brazo en una llave poderosa
y lo obligué a hincarse
a mi lado.
Así se engendró
el poema entre nosotros.

Words as Vessels

A thought is born
behind a wall of bone.
One must
shape it carefully into words,
place it on the tongue
and ship it out into the world.

It must skillfully maneuver currents,
circumvent reefs,
navigate waterfalls,
wisely steer the landing
and drop anchor.

If it fails to cross the open sea
it will turn around in shame
and return home.
Thought
travels in words
like vessels.

Palabras como navíos

Un pensamiento nace
detrás de un muro de hueso.
Es necesario darle forma,
colocarlo sobre la lengua
e impulsarlo a mar abierto,
para que navegue solo.

Deberá
maniobrar con habilidad la corriente,
evitar los arrecifes,
manejar con agilidad las cascadas,
dirigirse con prudencia hacia la costa,
y arrojar el ancla.

Si no logra cruzar el océano,
abochornado se dará la vuelta
y regresará a casa.
El pensamiento
navega en palabras
como navíos.

Almost Extinct

When I was a child
I kept a pet turtle
in a cracker tin.
It lived in an inch of water
and always
poked its head out
to see if anyone was around
before climbing on a stone
to sun itself.
It loved to eat lettuce
out of my hand
and held on to my fingers
with its tiny claws.
It smelled of brine
and algae,
of tight places
where it felt secure
and no one could find it.
The turtle had no trouble
squeezing in there
when it wanted to be alone.
It breathed at its own speed
and fearlessly cloaked itself in darkness.
It came out slowly,
craning its neck and looking
this way and that
until it identified
the object of its desire.
Then it set out towards its prey
like an armored heart

Casi extincta

Cuando yo era niña
me regalaron una tortuga
en una lata de galletas con un poco de agua.
Le encantaba comer lechuga,
y se agarraba a mis dedos con las uñas
diminutas de sus garras.
Olía a algas y a mar,
y le gustaba deslizarse
dentro de su carapacho
cuando quería estar sola.
Allí podía respirar
a su propio ritmo,
asumiendo sin miedo la oscuridad
que la circundaba. Sacaba fuera
la cabeza y alargaba el cuello de aquí
para allá, hasta que divisaba
el objeto de su deseo.
Entonces se ponía en marcha
como un pequeño corazón armado,
y se hartaba de todo lo que le apetecía.
Yo pensé que vivía contenta
hasta que un día no quiso
salir de casa.
Se había puesto vieja
y desconfiada;
su carapacho ya no parecía
de caramelo y ámbar.
Le daba trabajo distinguir el olor
de la comida,
y hasta empezó a quedarse ciega.

and feasted generously
on what it hungered.
I thought she was happy
until one day she refused to come out.
Now the turtle is old
and has become wary.
The shell no longer looks
like caramel and amber.
She has a hard time latching on
to a smell, or sometimes even
making eye contact. Left, right
front, back, her legs
continue their headstrong march
over the slippery stones
but the skin is dry and hard.
Her lids are heavy
and she hardly ever looks around
to see who's there.
She knows if they find her
they'll drop her
in a kettle of boiling water
and pry open the shell
to get at the flesh.

Izquierda, derecha, izquierda,
derecha, sus patitas continuaban
marchando empecinadas
sobre los guijarros pulidos,
pero la piel
se le había puesto reseca y dura.
Sabía que si la encontraban
la dejarían caer
en una olla de agua hirviendo,
para separarla de su concha
y alcanzar su carne.

Angel with Copper Eyes

The mango tree had grown a brown belly,
heavy and big as a molehill.
Mr. Robinson came by our place
looking like a Martian.
He was masked, and held
a black rubber hose in his hand.
Soon fumes seeped out
from the old trunk
and the whole tree began to smoke
like a lighted cigar.
Your tail, a white tipped
orange flame,
floated amongst the irises.
"Quick! Lock him up in the house!"
Mr. Robinson cried.
But we weren't quick enough.
You soared out the window
over the curling green ferns,
so beautiful, so perfect
down to the last tiger stripe
on your cropped Persian nose,
as if someone had tried to preserve you
under glass.
A particular way of life,
of coming in and out of the house
always in a hurry,
the telephone ringing and the messenger
knocking impatiently at the door
had made you invisible.
Now you sit, perfectly still,

Angel de ojos cobrizos

El árbol de mangó había criado
una panza enorme,
oscura y redonda como un hormiguero.
Mr. Robinson visitó nuestra casa
y parecía un mismo marciano
con su máscara puesta
y una manguera negra
en la mano. Pronto vimos
el humo empezar a filtrarse
por el viejo tronco
y el árbol empezó a humear
como un enorme cigarro.
Una llama anaranjada
se escapó saltando entre los lirios.
"¡Cuidado! ¡Enciérrenlo en la casa!",
gritó Mr. Robinson.
Pero no fuimos lo bastante
rápidos. Saliste
volando por la ventana
y salvaste la reata de helechos,
tan hermoso, tan perfecto
diminuto tigre de salón,
hasta la última franja
de tu hociquito persa,
como si alguien hubiese intentado
conservarte bajo cristal.
Cierto estilo de vida,
un entrar y salir por la puerta
siempre de prisa,
el teléfono sonando y el mensajero

in your garden,
your tufted paws folded softly
before you,
preening your whiskers and gazing
curiously at us
with your copper eyes,
as if you lived in a totally
different universe
altogether.

impaciente en la acera
te habían vuelto invisible.
Ahora estás sentado
en medio de tu jardín,
las patitas peludas dobladas
tranquilamente frente a ti,
peinándote los bigotes
y fijando en nosotros
tus ojos cobrizos,
dueño de un universo
completamente tuyo y muy distinto
al nuestro.

Snapshot in Black and White

"African lilies blossom only once and disappear."

Spending the summer in Adjuntas
was no longer fashionable.
My aunts and uncles sailed
to Europe on luxury liners
or flew to New York in constellations
~~leaving~~ their worries behind
~~on pillo~~wed clouds.
Abuelo went on driving
to the old summer home, with its gabled
tin roof and rusty eaves
shadowing the moss covered paths
and sometimes took me along.
He was past seventy
but didn't seem old in my eyes.
We visited the strawberry patch
and sat on the ground to eat them.
We walked to
where the gardenias grew
so white that even the clean
mountain air they stood on
bruised their skin and yellowed their delicate
petals like cellophane wrapping.
One day *Abuelo* entered the gazebo, and pointed
toward the lower end of the park.
A huge wave had risen from the ocean
and lay trapped in the narrow garden.
He took out his pop-out camera
and told me to go stand

Agapantos en blanco y negro

"Los agapantos florecen una sola vez y desaparecen".

Veranear en la casa de Adjuntas
ya no estaba de moda.
Mis tíos y tías preferían
viajar a Europa en trasatlánticos blancos
o volar a Nueva York en *constellations* plateados.
Pero Abuelo siguió visitando la casa
de aleros de zinc herrumbrosos
y senderos de piedra cubiertos de musgo,
y a veces me invitaba a acompañarlo.
A mí no me parecía que estaba viejo.
Sus ojos brillaban igual que los míos
cuando entrábamos al huerto de fresas
y comíamos su carne dulce con aliento a tierra,
o a la glorieta de gardenias cuyo perfume
me hacía pensar en un cutis marchito
por el aire frío de la montaña.
Un día me tomó de la mano
y me llevó a conocer los agapantos.
Era un espectáculo impresionante:
cada flor un hisopo de azul líquido,
con los estambres negros bailando al viento
como diminutos visillos de pestañas,
como si una ola se hubiera salido del mar
y se hubiese quedado atrapada entre los montes.
"Yo mismo los sembré el año pasado",
me gritó desde el pabellón de maderitas entrelazadas
mientras me enfocaba despacio con su antigua
cámara de acordeón, a mano el lente y

among the lilies.
"I planted them myself last summer,"
he said, as he slowly focused
the lens, measuring distance and
sunlight by hand, the click
in black and white,
"and they've all
blossomed in our honor."
Years later I went away
to school and rarely
visited *Abuelo*. Hurt and feeling abandoned,
he came to see me at home.
"She was my favorite sweetheart,"
he murmured,
as he took the old snapshot from his wallet
and showed it to me.
I was ashamed to look at it.
The African lilies had faded to a gray,
but their intense blue
has stayed fresh in my mind
forever.

la distancia y el clic en blanco y negro,
"y han florecido todos para nuestra visita".
Años después me fui a estudiar al norte
y dejé de visitarlo.
Herido por mi abandono
Abuelo vino a casa a saludarme.
"Era mi novia predilecta", dijo,
sacando el retrato de su billetera
para mostrármelo.
Yo me sentí abochornada
y no me atreví a mirarlo.
El azul de los agapantos
no salió en la foto,
pero su recuerdo se quedó grabado
para siempre en mi memoria.

Abandoned House

The room smelled of dust and spider webs,
but also of something else
I couldn't put my finger on:
I thought it was the past,
mold and nostalgia
as if the house were reproaching me
for having aged away from it.
But I was wrong.
It's always hard
to reconcile oneself
to the person one was,
to the one we've traveled so far
to leave behind.

Casa abandonada

La habitación olía a polvo y a telarañas,
pero también a otra cosa
que no lograba definir.
Pensé que sería el pasado,
el moho o la nostalgia,
como si la casa me reprochara
haber envejecido lejos de ella.
Pero estaba equivocada.
Siempre se nos hace difícil
reconciliarnos
con la persona que fuimos,
con la que se quedó sentada a orillas del camino
cuando abandonamos la casa.

Second Millennium Santa

This year
I've decided to hand in
my resignation.
Santa doubles are appearing everywhere
on the street and in trains,
supermarkets and stores
—they've become a nuisance.
From California to Vermont,
I'm surfing the waves
or sliding down chimneys,
always advertising
something.
Instant gratification
is everything.
Kids ask for
motorized scooters,
lasers to zap the enemy with,
flying carpets
to take a nap on.
Adults want
cherry pink laptops
to catch tropical fish with,
palm pilots
to sell off technology shares,
CD players
with tick-sized ear phones
to fit all of Mozart.
Most of my requests
come by E-mail
because people don't have time

Santa Clós del segundo milenio

Esta Navidad he resuelto
enviar mi carta de renuncia.
Tengo dobles por todas partes.
En la calle y en los trenes,
supermercados y tiendas
—me he vuelto una plaga.
Desde California hasta Vermont
surfeo sobre las olas
o me deslizo por las chimeneas
siempre anunciando algo.
La gratificación instantánea
lo es todo.
Los niños piden
la teresina motorizada,
el juego láser para fulminar
al enemigo,
y una estera voladora
para dormir la siesta.
Los adultos quieren
computadoras color cereza
que atrapen peces de colores,
que el piloto de mano sirva
para vender acciones en la Bolsa,
y que en el *CD player*
con audífonos del tamaño de un guisante
quepa toda la obra de Mozart.
Hoy los pedidos
me llegan casi todos por E-mail,
pues nadie tiene tiempo
de garabatear cartas

to scribble letters on paper
dropped into slow poke
mailboxes.
Everyone is in a hurry,
no one has time to worry
if bears can no longer cross
the polar ice cap
to eat seal,
ferns in El Yunque shrivel,
Puerto Rican parrots
become extinct,
or dolphin perish
on dead coral reef
because of global warming.
That's why I swear
this Xmas will be my last.
I'll wear my red flannel suit,
don my red rabbit bonnet,
and celebrate Christmas
the right way:
ringing the bell at the corner
of Second Millennium Plaza
just before the Apocalypse.

y meterlas dentro del buzón.
Todo el mundo tiene prisa
y a nadie le preocupa que a los osos polares
se les haga imposible cruzar la capa de hielo
en busca de focas,
que los helechos del Yunque se marchiten
y las cotorras puertorriqueñas
se extingan,
que los delfines se ahoguen
varados en los arrecifes de coral
por culpa del calentamiento de la atmósfera.
Por eso juro que estas Navidades
serán mis últimas.
Me pondré el traje de franela roja
y el sombrero de piel de conejo
para celebrar la Navidad como Dios manda:
repicando mi campana
en la Plaza del Segundo Milenio
para anunciar la llegada
del Apocalipsis.

Brother and Sister

They were both very old;
the last of a large brood.
When he heard she was ill
the brother was overwhelmed.
He rushed to see her.
"Let the energy course through you,"
he said, closing his eyes,
holding
her hand in his.
Love went from one
to the other
like an electric charge,
their fingers tight as steel.
How could life come to an end?
Death was in another room
a dark spot on the sun,
a cave behind the brain
full of spiders and cobwebs.
The sister couldn't see it
but felt it approaching.
"You must see to believe!"
he said, because he was a scientist
and was certain only of what he saw.
"Death?
What death?" he joked.
"You are here, next to me,
together we'll pull through."

Pacto entre hermanos

Los dos eran ya viejos,
los últimos vástagos
de una extensa progenie.
Cuando se enteró de que estaba enferma
el hermano corrió a verla.
"Deja que la energía te inunde",
le dijo, cerrando los ojos
y tomando su mano
entre las suyas,
apretándola.
El amor cursó de uno a otro
como una corriente eléctrica,
sus dedos cables entrelazados.
¿Cómo iba a morir?
La muerte estaba en otra parte:
una mancha en el cráneo del sol,
una cueva detrás del cerebro
llena de alacranes y telarañas.
La hermana no podía verla
pero la intuía cerca.
"¡Hay que ver para creer!",
le dijo, porque era un hombre de ciencia
y sólo se sentía seguro de lo que tenía
al alcance de la mano.
"¿La muerte? ¿Cuál muerte?",
le reprochó bromeando.
"Estás aquí, conmigo;

The sister smiled and said yes.
She would live to please him.
If that was what he wanted
she would stay.

That night the brother went home
and wept:
"God is not just!
To throw a thinking soul
into the unconscious void."
And as he said this, doubt
entered his bosom like a knife.
The next day he went again
to visit his sister.
She lay upon the bed as on an ice
floe, her nightgown all rumpled
and loose about the neck,
she had lost
so much weight.
She looked at her brother,
her face a wilted flower
turned up to the sun,
but couldn't hold his eyes.
Like snow drifts
leaning into the wind,
their white heads drew closer.
"We must not surrender,"
he whispered.
"We must fight to the end!"
And when she didn't answer,

juntos nos libraremos de esto".
La hermana sonrió
y dijo que sí.
Viviría para complacerlo.
Si eso era lo que él quería,
se quedaría.

El hermano se fue a casa
y se encerró a llorar.
"¡Dios mío, qué injusto eres!
Condenar a un ser pensante
al vacío del inconsciente".
Y la duda, que había mantenido a raya,
le atravesó el corazón
como una daga.
Al día siguiente
regresó a ver a su hermana.
Estaba tendida en el lecho
que semejaba un témpano de hielo.
Tenía el camisón estrujado
y le quedaba grande
porque había perdido
mucho peso.
Miró a su hermano con adoración,
su cara una flor marchita
vuelta hacia el sol,
pero él no pudo devolverle la mirada.
Como se acumula la nieve
en las colinas
juntaron los hermanos
sus cabezas blancas.
"¡Recuerda!", dijo

he pleaded:
"What can I do for you?
What can I bring you?"
"Give me the sky," she said
and closed her eyes.

"Hay que luchar hasta lo último;
juntos venceremos esto".
Y cuando ella guardó silencio,
él le rogó:
"¿Qué puedo hacer por ti?
¿Qué quieres que te traiga?".
"El cielo", dijo ella.
Y cerró los párpados.

Walking Fountains

Why is it at wakes
we sometimes become
walking fountains?
Every time
our gaze fixes on something
that brings back memories
it's as if
someone pulled the curtain
of a hidden theater,
and the past is suddenly played out
before us.
Tears spring from
eyes that cannot see
ears that cannot hear
hands that cannot touch
from every pore.
Two are one,
one
is gone,
and we are left only with the source
that keeps on flowing.

It's the nature of the world,
everything that lives must die
and life needs perpetuating.
Just look at God's creatures
great and small,
no one is exempt
from this inevitable law.
No crevice between spirit

Fuentes ambulantes

¿Por qué será que en los velorios
parecemos fuentes ambulantes?
Cada vez
que fijamos la vista en alguien
que nos hace recordar,
es como si corriéramos
la cortina de un teatro
oculto en nuestro cerebro
donde se repiten escenas
que nos entristecen.
Las lágrimas surgen
de ojos que ya no ven,
de oídos que ya no oyen,
de manos que ya no tocan,
de cada poro.
Dos son uno,
uno de ellos desaparece,
y sólo queda el manantial
que fluye de la tierra.

Es la esencia del mundo,
todo lo que nace tiene que morir
pues la vida ha de perpetuarse.
Las criaturas de Dios,
desde la más ínfima
a la más poderosa,
han de someterse a esa ley.
No existe abismo entre la mente y el cuerpo,
no hay grieta que separe el espíritu
de la carne.

and heart,
no raging chasm between
body and mind,
the whole universe is at peace
with itself
except us.

The heart cannot be knocked
unconscious.
There lies the rub,
—unspeakable enigma.

El universo entero está en paz
consigo mismo.
Menos nosotros.

El corazón no puede
rodar por tierra de un golpe.
He ahí el problema
—enigma inevitable.

The Colonial Experience

I stood before Yeats's tomb
under Ben Bulben's formidable brow
and heard his voice cry out
"Horseman, ride by!,"
but could not obey his command.
The lords and ladies gay
that were beaten into the clay
exchanged their silken shoes
for blistered feet,
and then went rushing past me.
I hailed them as they passed
but did not join them.
Does it matter which island?
Which century we live in?
In Borinquen,
Agüeybana's head
was lopped off
and the Taino Empire
fell apart.
In Ulster, Cuchulain
was speared to a sacred oak
between Scotland and Ireland.
It's always the same story,
only with different heroes,
and in another language.

La experiencia colonial

Me detuve ante la tumba de Yeats
bajo el peñón formidable de Ben Bulben
y escuché una voz que me gritaba:
"¡Jinete, prosigue tu camino!".
Pero no pude obedecerle.
Las alegres damas y caballeros
que rodaron golpeados por el lodo
perdieron allí el calzado de seda
y siguieron por el camino llorando,
los pies descalzos.
Grité cuando los vi pasar
pero no quise unírmeles.
No importan la isla ni el siglo,
la experiencia colonial
es siempre la misma.
Agüeybana fue decapitado
y el imperio taíno,
esparcido entre las islas,
se vino abajo.
A Cuchulain
lo clavaron a un nogal sagrado
entre Irlanda y Escocia.
La historia se repite,
sólo que con otros héroes
y en lenguajes distintos.

Mary and Elizabeth

Mary Queen of Scots was just eighteen
when she returned to Scotland
after a thirteen year absence.
In England Elizabeth
the red-headed vixen ruled,
illegitimate child of Anne Boleyn
and legitimate
scourge of Henry's.
Besieged by kings and suitors
she refused to surrender her hand
under the apse of the Church of England.
The purple heath was in bloom
and gleamed like drops of blood
against the unruly Atlantic
when the Scottish nobles ordered
that Mary should find a husband.
"Marry, why should I marry,
when my cousin stays the course
sovereign of her own kingdom?"
But marry Mary did
at Edinburgh's Holy Rood,
and fell head over heels in love
with her no-good husband.
She gave the kingdom an heir
and was beheaded in London.

Mary y Elizabeth

Mary tenía dieciocho años
cuando regresó a Escocia
luego de una ausencia de trece.
En Inglaterra reinaba
Isabel, la zorra pelirroja;
hija ilegítima de Ana Bolena,
y calamidad legal de Enrique.
Requerida por reyes y príncipes,
se negó a entregar su mano
bajo el crucero de la Catedral
de Canterbury.
El páramo era un mar de púrpura
y las flores silvestres brillaban
sobre los brezales como gotas de sangre
cuando los nobles de Escocia
que escogiera marido le ordenaron a Mary.
"¿Casarme yo
cuando mi prima sigue libre,
soberana de su propio castillo?".
Pero la tentación de ser buena
fue demasiado grande.
Mary obedeció al arzobispo
y se casó con Lord Darnley.
Le dio un heredero al trono,
y fue decapitada en Londres.

Pinot Noir

Like vats we stand
in the darkened cellar
waiting for the must
that has accumulated in us
to come to full maturity.
Thus the Distiller
daily inspects his product:
a loose splinter here
a crack there
heralds our fragility
as wounds begin to open
in our weather-beaten planks.
He approaches,
pours a drink into his glass,
swirls it around
and tastes it.
If nourishing,
he keeps it.
If rancid
he turns the spigot
and lets it out.

Pinot noir

Como toneles puestos en fila
aguardamos en la oscuridad
a que nos madure la sangre.
El mosto que hemos ido acumulando
llegará un día a su punto.
El Gran Destilador
inspecciona diariamente el vino:
una astilla floja por aquí,
una grieta por allá,
abren heridas rojas en la madera
y anuncian nuestra fragilidad,
expuesta al tiempo y a la intemperie.
Él se acerca,
se sirve un trago
lo hace girar al fondo de la copa,
aspira su fragancia
y lo prueba.
Si el buqué está en sazón, lo guarda.
Si está rancio,
abre la manecilla del tonel
y lo vacía.

Twin Towers

If I had seen the program
on an ordinary TV set,
it wouldn't have been so horrifying.
But it was a stereo Sony high resolution
wide-screen, latest model,
that made the ground tremble
when you switched it on.
The action began at 8:46 A.M.
The first pilot hit his target
with harrowing precision
and soon a black mouth
was smoking
on the side of one of the towers.
People were crying in panic,
pointing to the sky
and covering their faces
trying to hide the horror
that froze before their eyes.
Twenty minutes later
a second scimitar
hit the neighboring tower,
flying at an angle so as to
slice it better.
People were falling into the blaze
like flies, throwing
themselves from windows
a thousand feet high,
or crawling down terrifyingly
smooth cliffs
like helpless insects.

Torres gemelas

Si hubiese visto el programa
en un televisor común y corriente
no me hubiera parecido tan terrible.
Pero era un Sony *wide screen* último modelo
con sonido estereofónico y alta resolución
que de tan poderoso hacía temblar el piso.
El programa empezó a transmitirse
a las 8:46 de la mañana.
El primer piloto dio en el blanco
con una precisión escalofriante
y una boca negra empezó a humear
por el costado de una de las torres.
Los gritos de pánico
deformaban los rostros de los espectadores,
que se llevaban las manos a la cara
o señalaban el cielo
como si el horror les congelara la mirada.
Veinte minutos más tarde
una cimitarra resplandeciente
se incrustó dentro de la segunda torre,
volando al sesgo para penetrar mejor.
Las víctimas caían en la hoguera como moscas;
se tiraban de cabeza desde las altísimas ventanas
o se deslizaban como insectos indefensos
por la superficie aterradoramente lisa
de los farallones de vidrio.
Entonces la primera torre dio un suspiro
y empezó a derrumbarse hacia adentro
con una indiferencia monstruosa.
Poco después su gemela la imitó

Then the first tower gave a sigh
and shrugged into itself,
as if monstrously indifferent
to what was happening around it.
Its sister followed suit
and a terrifying black cloud
billowed out of its bowels,
screening the whole world,
shrouding pain and anguish
under its folds.
When the smoke cleared
an outrageously blue piece
of sky appeared,
which had no right to be there.
The towers
had vanished into thin air.

Then something astonishing happened:
through the blue crevice
a swarm of people
began to fall out:
Palestinians, Albanians,
Tutsis, Misquitos,
Quichés, their faces emaciated
from malnutrition, rickets, dysentery,
all the ills humanity could possibly imagine
tumbled onto the pavement next to the
New York firefighters, the Merrill Lynch
investors, the Puerto Rican waiters
of Windows of the World, even the terrorists
wielding plastic knives
against the most
sophisticated
civilization in the world,
their bodies entwined

en medio de una humareda negra
que le brotó de las entrañas
y lo envolvió todo en su mortaja
de angustia y dolor.
Cuando el humo se disipó
apareció un pedazo límpido de cielo
que no tenía ningún derecho a estar allí.
Las torres gemelas
de mil cien pies de altura
habían desaparecido del horizonte.

Entonces sucedió algo inexplicable;
por aquella grieta celeste
empezó a caer una muchedumbre:
palestinos, albanos,
tutsis, misquitos, quichés
escuálidos de hambre y
sufriendo disentería,
tuberculosis, malaria,
cuanto mal imaginable
son capaces de infligir la pobreza
y el atraso,
se abrazaban a los mozos puertorriqueños
de Windows of the World, a los bomberos de Nueva York,
a los corredores de Merrill Lynch,
a los terroristas que blandían cuchillos de plástico
contra la civilización más sofisticada del mundo,
juntos conformaban una sola masa sangrienta
que no era posible separar sobre la acera.
Aquello no podía estar sucediendo;
tenía que ser un error garrafal
de alguien en la estación
que había confundido los programas
y tendrían que corregirlo enseguida,
antes de que les llovieran las demandas.

in one writhing mass of pain.
What we were watching
was impossible,
things like that simply didn't happen.
It had to be somebody's harrowing mistake,
and the TV station would have to correct it
as soon as possible,
before lawsuits rained in.
But it was too late:
the program had gone on the air.
It went on all day.
Millions of people saw it.

Pero ya era demasiado tarde.
El derrumbe de las torres gemelas
salió por la televisión.
Pasaron el programa durante todo el día.
Millones de personas lo vieron.

Poems from
The Two Venices
Translated from the Spanish by Alan West and Rosario Ferré,
except where otherwise noted

Poemas de
Las dos Venecias

Watercolor

Greed and war are powerless
before your fugitive evanescence.
It's impossible to lay siege to your basilicas
that vanquish time,
to the ancient splendor of your
palaces which crumble
into the Adriatic. Your landing piers,
lapped by the salivating tides of the bay
are held captive at a perfidious distance
by a remote longing.
How to invade a sinking city?
How to surround an errant labyrinth?
Napoleon did not ransack your treasures,
nor did Attila the Hun drink from the hallowed
chalices of your golden tabernacles.
St. Mark's venerable head was not lopped off
by infidel scimitars.
The reveling battalions of tyrants
grow silent before your fleeting beauty.
Venice lingers on
like the brush that bleeds watercolor on the page
in spite of the periodic rages that consume the world.
Without her, it would sink
under the smoldering weight of gold
of blood
and of stone.

Acuarela

El poder y la guerra nada pueden
contra su imperecedera evanescencia.
Napoleón no expolió sus tesoros,
ni bebió Atila el huno en los purpúreos
cálices de sus sagrarios, cercenada
la cabeza venerada de San Marcos
por la cólera infiel de los alfanjes.
Imposible asediar sus catedrales
que borra el tiempo, el esplendor aciago
de sus palacios, que desangran sus colores
por el borde metálico del mar, sus almenares
cautivos de la inconstante lejanía.
¿Cómo invadir un cuerpo que se hunde?
¿Cómo sitiar su errante laberinto
el clamoroso batallón del sátrapa?
Por sus corredores se esfuman los sanguinarios
cascos del enemigo, por sus muros
se extingue la inevitable hoguera
que consume periódicamente el mundo.
Venecia es una acuarela delicada
que pesa lo que el pincel sobre la página.
Sin ella la memoria del mundo se hundiría
bajo la humeante pesantez del oro
del mar ensangrentado
y de la piedra.

Giorgione

All the guests had left
the terrace, engulfed in the silk swirl
of their capes,
and the Venetian *palazzo*, lit from top to
bottom, seemed to be on fire. The silverware
flickered its mute, confused disorder
on the linen tablecloth,
and the solemn air of the party lingered on
among the gardenia-filled urns.
The tide had already risen
under the alabaster balustrades of the *altane*
when Rialta withdrew her feathered divan
toward the living room's damp shadow.
The evanescent gold of her body
would now become tarnished
by night's rancid perfumes,
by their ripe over-sweetness.
Under garlands of fruit
the shriek of a peacock agonized the air
and lit up the sky with cobalt eyes.
A breeze was blowing
and there were ashes in the wind.
The waters rose to the first step
and lapped at the door.
Rialta had it walled up but the waters
continued to rise. She walled up the portico,
the vestibule and the golden hall,
Tintoretto's verandah and Palladio's *saletta*,
but the waters kept on rising.
The stained-glass rosette, broken up

Giorgione

Los invitados habían todos abandonado
la terraza, somorgujados en el sollozo
de seda de sus capas, y la casa
iluminada de arriba abajo parecía
un incendio. Los cubiertos, alineados aquí
y allá sobre el teclado de hilo de la mesa
centelleaban su mudo desorden consumado,
y en torno a las gardenias de las urnas
giraba aún el aire grave de la fiesta.
La marea había introducido ya sus sombras
por los balaustres alabastrinos de los *altane*
cuando Rialta retiró su canapé
de plumas hacia las penumbras húmedas
de la sala. El efímero oro de su cuerpo
se empañaría ahora bajo las guirnaldas de fruta
que destilaban un perfume rancio,
pasado de su tiempo y de su punto
preciso de dulzor.
El grito de los pavos reales agonizó en el aire
y disparó contra el cielo sus mil ojos de cobalto.
Había *viento y cenizas en el viento.*
Las aguas subieron el primer escalón,
y lamieron obstinadas la puerta.
Rialta tapió la puerta, pero las aguas siguieron
subiendo. Tapió el portal, forjado a hierro
vivo, pero las aguas siguieron subiendo.
Tapió el zaguán y los salones dorados,
la salita Tintoretto y el pórtico de Palladio,
pero las aguas siguieron subiendo.
A la roseta madre, quebrada en su ajedrez

into a kaleidoscope of blood, was pierced
by the cobalt of the rosettes
above.
Stepmother of tides, the moon
rose like a silver wafer
and hovered over the window's battlements.
"Leave in peace what has been mine,"
Rialta prayed. "As long as Venice
endures, I will live on."

de sangre, la iluminaban rosetas aún más altas.
Madrastra de mareas armada de reflejos,
la luna enarboló indiferente su oblea
y se detuvo en el pretil de la ventana.
"Dejad en paz lo que ha sido mío", le rogó
Rialta. "Mientras Venecia perdure,
no habré muerto enteramente".

Rialta's Laughter

Rialta's unreachable laughter
soared over the Rialto Bridge
defying the death that stalked her.
Around her, everything was pure luminescence;
the city became a prism
dancing to the rhythm of Watteau's masquerades.

Elbows on the baluster of the bridge
Rialta observed her own shadow
vanish into the labyrinth of water.
Confidently she undertook the journey
from gondola to stone,
from wakefulness to dream,
under bridges as silent as eyelids.

La risa de Rialta

Sobre el puente del Rialto se levanta
la risa inalcanzable de Rialta
desafiando a la muerte que la acecha
al compás de Watteau y sus mascaradas.
Todo allí es brillo puro, todo es prisma
reflejo especular de la palabra.

Acodada sobre el reborde de la piedra
contempla, en el dédalo espejeante,
esfumarse fugaz
la propia
sombra: el tránsito
de la góndola al muelle, de la vigilia
al sueño, bajo puentes sigilosos
como párpados.

Channel Author

She crossed the channel as in a dream
to the rhythm of heel and ankle bone.
The scent of flowers
loomed transparent in the labyrinth of her veins,
trawled by ancestral waters.
Through its maze she came into the world
giving a cry that unraveled itself
next to the umbilical cord.
How to persevere,
Fidelio's heart intact?

Canalautor

Atravesó aquel paraje en un sueño
al ritmo de calcañares y de astrágalos.
El color de las flores se transparentaba en sus venas,
arrastradas por un agua ancestral.
Por él llegó al mundo
hasta extraer el postrer grito
que se desataba junto al cordón umbilical:
¿Cómo perseverar, el corazón de Fidelio intacto?

The Grand Canal

Rialta leaned all her weight
on the iron pin of the oarlock
and the gondola shot out under her feet
like a black arrow.
Patiently she combed the city:
its architecture was feminine
in its sexual odors,
the intricate labyrinth
which never allowed itself to be fully imagined.
It was rife with passages
and secret emblems,
murmurs that corroded
the ephemeral palaces and plazas.
As the agony of its walls
crumbled into oblivion,
it rose up more clearly into view.
From them came light
and darkness,
all the mysteries
of stone unlaced their meaning
in alleys of parallel darkness,
the enigma of that universal time
which mercilessly wears
down the world.
Of her visit to the city
Rialta remembers its ancient silence,
the natural disintegration of the word
and the eternal regeneration
of its organic substance.

El Gran Canal

Rialta inclinó todo su peso
sobre el esguince inmemorial del remo
e impulsó la quilla hacia el oscuro laberinto
que disparaba bajo sus pies la flecha negra del sueño.
Recorrió minuciosamente la ciudad:
su arquitectura femenina hasta en el olor
a sexo, que no se deja nunca imaginar
toda entera, poblada de pasajes
y de emblemas secretos,
el silabeo submarino que devora
sus efímeros palacios y sus plazas,
la agonía que descarna en cuarzo vivo
el soberano hundimiento del olvido.
De allí venía la luz, la oscuridad, la piedra
cifrada que deslaza sobre el agua
la noche lateral de la escritura,
así como también el tiempo unánime
que todo lo corroe y lo desgasta.
De su visita alucinada hoy le restan
un silencio antiguo, la descomposición natural
de la palabra y el eterno gestar
de su materia orgánica.

Death in Venice

Like Mahler,
escorted by his beloved and deceitful wife, Alma,
he traveled to Venice.
He left his body behind,
and saw the skeleton of his soul
set sail.

Muerte en Venecia

Como Mahler
con su Alma enamorada y traicionera,
desembarcó en Venecia
y navegó por sus canales.
Dejó atrás su cuerpo,
y vio zarpar el esqueleto de su alma.

Venetian Glass Beads

The glass blower lifted the epic flute to his lips
and breathed life into the iridescent bird
that trembled on the music's fiery edge.

On the San Marcos dock the Lido's *vaporetto*
sounded the siren for the bathers,
and the black gondolas danced
like 18th century dolphins.

Vendors of Venetian glass beads
hung miniature anemones
on the ear lobes of tourists
as nostalgic memorabilia.

In the depths of her transparent bell,
Eurydice stitched Orpheus's tears
to the long threads of her remorse.

Venice navigated across my mirror
as my thoughts journeyed
through the word Venice.

Venice is a stained glass window
that bleeds into the Adriatic.

Cristales venecianos

El soplador de vidrio levantó su flauta épica
y le insufló vida al pájaro iridiscente
que temblaba al borde de su tañido de fuego.

En el muelle de San Marcos el *vaporetto* del Lido
tocaba la sirena para los bañistas
y las góndolas bailaban como delfines dieciochescos.

Los vendedores de gargantillas venecianas
colgaban sus diminutas anémonas al lóbulo de los turistas
en nostálgicas memorabilias de vidrio.

Al fondo de su campana transparente,
Eurídice hilvanaba las lágrimas de Orfeo
a los largos hilos de su remordimiento.

Venecia atravesaba la palabra espejo
como el pensamiento viajaba por la palabra
Venecia.

Venecia es un vitral que se desangra en el Adriático.

Hoffmann's Barcarole

In Venice everything shifts, all passes.
At its threshold we constantly anticipate
death's conclusive farewell.
Impossible to retrace
our steps on the street flowing past us.
The journey is stationary
and at the same time cruises through us.
Navigating down its narrow canals
we are constantly forced to wave our handkerchiefs
at the passers-by,
as we listen for the echo of footsteps
that will never fall.
The main canals remain,
on the whole, abandoned,
because of the fear
that night will surprise us in them
before journeying down
others.

Barcarola de Hoffmann

En Venecia todo es mudanza, todo es pasaje.
En su dintel se anticipa cotidianamente
la despedida definitiva de la muerte.
Imposible retroceder, imposible arrepentirse
por la calle inasible que transita
el agua. Navegar es un crónico
agitar de pañuelos, eximido del eco
reconfortante de los pasos,
mientras los senderos fundamentales
quedan, por lo general,
abandonados, ante el temor de que la noche
nos sorprenda en ellos
antes de transitar
por otros.

Homeless WDC

Five blocks from the White House
on the corner of "Q" and Connecticut
I saw Sam Roger lean his hairless broom
against the red "M" of the Metro
and sit down in his yellow armchair
to take his usual nap.
A Vietnam War veteran
and agent orange survivor,
he had just swept the corner
pavement of his house
for the third time.
Pedestrians rose up the escalator's
steel-stepped tunnel, which unrolled
its platinum tongue behind his back,
and went on busily crossing the street.
The beat up armchair
sagged under his weight
like an old, disemboweled lion
setting loose a cloud of ancient guilt
which rose over the asphalt of oblivion.
Half drunk with the memory of warfare
Sam Roger stretched out on the arm chair
and intoned, before falling asleep,
his *De Profundis*.

Homeless WDC

A cinco cuadras de la Casa Blanca
en la esquina de la Q y de la Connecticut,
vi a Sam Roger sentado en su butaca raída
bajo un techo azul cielo
luego de recostar su escobillón mellado
de la M roja del Metro,
para echar su siesta acostumbrada.
Veterano de la guerra de Vietnam
y superviviente del agente naranja
acababa de barrer por tercera vez
la esquina de la acera de su casa,
escoltado por el taconeo de los transeúntes
que atravesaban vertiginosos la calle
vomitados por el túnel de peldaños de acero
que desenrollaba su lengua de platino
a sus espaldas. Esa butaca amarilla
de león viejo y destripado
desplomó junto a él antiguas culpabilidades
que sobrevolaron los patios del olvido.
Medio borracho por el recuerdo del exilio
Sam Roger se tendió sobre ella
y entonó, antes de dormir,
su *De Profundis*.

Ode to the Unknown Soldier

Sam Roger wakes up at dawn
and walks to General Lafayette Park
abloom with red, white, and blue tulips.
He relieves himself in the blue plastic portolet
left behind by the
organizers of the Fourth of July,
takes a bath in the black granite basin
behind the Archives of the United States
and lets his mind wander as he reads
the words chiseled in marble:
"The Past Is Prologue"
without a clear sense
of what they mean.
He picks up a handful of coins
which sparkles at the bottom of the fountain
and heads out to have breakfast
at the hot dog stand on the corner.
Sam loves to wander down the streets of D.C.
because at dusk the marble monuments
turn a delicate shade of pink
and seem to be made of cherry blossoms.
The Mall feels
like a giant dollar bill
spread out on the ground for his benefit.
Each monument appears in a different denomination:
ones have Washington's obelisk,
fives have Jefferson's rotunda,
the White House is on twenties.
Sam feels important
when he parades before the capital's monuments

Oda al Soldado Desconocido

Sam Roger se despertó muy de mañana
y caminó hasta el parque General Lafayette
sembrado de tulipanes rojos, azules y blancos.
Orinó en el *portolet* de plástico azul
que dejaron olvidado los organizadores
del último cuatro de julio.
Se bañó en la pileta de granito negro
junto a los Archivos de los Estados Unidos
y se entretuvo leyendo
el epígrafe tallado en mármol:
"The Past Is Prologue"
sin entender exactamente
lo que quería decir.
Recogió un puñado de cobres
que cabrilleaba al fondo del agua
y se dispuso a tomar el desayuno
en el *hot dog stand* de la esquina.
A Sam le gusta pasearse por los calles de D.C.
porque al atardecer los monumentos adquieren
un ligero tinte rosado
como si estuviesen hechos de *cherry blossoms*.
El Mall parece un dólar gigante
desplegado frente al Capitolio para su beneficio.
A cada rato se topa
con un monumento distinto:
en el billete de a uno
el obelisco a Washington,
en el de a cinco la rotonda de Jefferson,
la Casa Blanca en el de a veinte.
Sam Roger se siente importante

in his veteran's uniform.
On his head he wears a helmet
with six toothbrush-antennae
to communicate with outer space.
He's convinced that collecting trash
is an honorable occupation
not everyone is able to serve.
One has to be courageous,
bear a heavy sack
slung over one's shoulder
and throw in all the junk
one stumbles on,
fruit peels and worn-out shoes,
frayed shirts and cast-out trousers,
spareribs
and chicken bones,
the memory of the friends that perished
in Tonkin, and of those who turned
into drug addicts
under the nation's indifference.
It's hard to open the sack and search
inside from time to time,
try to understand what happened,
but someone has to do it
because otherwise,
we'd all end up like
veterans on Memorial Day,
those crew-cutted young men
now old and morose
that wander among the monuments
of our nation's capital.

Translated by Rosario Ferré

cuando desfila con su uniforme de veterano
por entre los monumentos de la capital.
En la cabeza lleva siempre un capacete
con seis cepillos de dientes
que le sirven de antena para comunicarse
con las ondas del espacio sideral.
Vive convencido de que recoger basura
es una labor honrosa
que no todo el mundo puede desempeñar.
Hay que tener valor
para echarse a la espalda un saco negro
en el que cabe todo lo que se recoge por ahí,
mondas de fruta y zapatos gastados,
desperdicios de vegetales y costillas roídas,
los que murieron en Tonkín
y los que regresaron a su hogar
drogadictos y aniquilados
ante la indiferencia de la nación.
Abrirlo y revolverlo todo de tanto en tanto,
esforzarse por entender lo que pasó
alguien tiene que hacerlo porque si no,
dígame usted, todos acabaríamos
como los muertos vivos de *Memorial Day,*
los veteranos del *clean cut* y del *crew cut,*
esos jóvenes ya viejos
que deambulan por entre los monumentos
de los próceres más venerados de Washington D.C.

Conceptual Art

It was hailing and bitter cold
and on the grate that blasts warm air
at the corner of Seventeenth
and Pennsylvania Avenue
three statues stood their ground
and stoically braved the elements.
They were burrowed in black burlap
sacks, with leper loincloths draped
over their heads in mud packed
turbans, and from their spent,
spattered cheeks you could tell
the whole world had already
driven past them. I never had
seen such a sight. The D.C. Mall
was thronged with holiday
strollers, who came and went
before the sleeping stone lions,
reveling in the gems of "Odyssey,"
the latest of the National Geographic's shows,
which focused on the heroism of Tibetan Monks
who could go for thirty days
without food or drink,
and of Arab warriors who,
solidly ensconced on their trawling
camels, would never need a home,
but crisscrossed the Sahara
riding barefoot over burning
sands, all their worldly belongings
slung over their backs in dried
out bladders. They hardly

Arte conceptual

Hacía un frío endemoniado
y sobre la parrilla de ventilación
entre la Diecisiete y la Pennsylvania
aparecieron tres estatuas
que desafiaban estoicamente
los elementos.
Arrebujados en frazadas
del Salvation Army
llevaban unos turbantes mugrosos
atados a la cabeza
al estilo de los leprosos,
y en sus mejillas salpicadas de fango podía verse
que el mundo entero había desfilado ante ellos.
El espectáculo que presentaban era increíble,
yo nunca había visto nada igual.
El Mall estaba lleno
de festejantes navideños que iban y venían
frente a los leones dormidos del Corcoran,
comentando animadamente
las maravillas de "Odyssey",
la exhibición del National Geographic,
que trataba sobre el heroísmo de los monjes
tibetanos que lograban sobrevivir
treinta días sin agua ni alimento,
o de los guerreros árabes
que se desplazaban felices
por el Sáhara sin que nunca
les hiciera falta un hogar,
con todo lo que poseían colgado
a las espaldas en vejigas curtidas.

looked at the sculpted trio
which stared off into space
like a crew of wide-eyed astronauts
just stepped off their ship,
doing their best to behave properly
and earn the right
to the Corcoran's doorstep.
No one wondered how far
they had come, or the curious
manner of their travels,
how long they had unwittingly
done penance, without Cokes
or even a hot dog, for the
inherent good of their souls,
how they had managed
to stake out their territory
from the swarm of other homeless
huddled together that windy morning
on the grates of less generous Hells.
Perhaps they expected a vent
to be always a pinup scenario
for touring Avedon vamps,
with moth white skins
and Marilyn Monroe hair
skitting nervously over their skirts
as they lighted ablaze on dry ice,
or they figured it should be kept
as a stage for plaster sculptures
of the type George Segal casts
on the bodies of traveling vagabonds
so the warm air blasting upwards
will dry them out quickly,
or even as an altar for Louis Cifer himself
airing out his Paloma Picasso leather wings
after a tiresome voyage

La gente paseaba conversando
por la acera, y a veces se detenía
frente al trío moldeado
en carne y lodo, sin que éste diera
señal alguna de vida.
Parecían astronautas
acabados de descender de su nave,
la mirada perdida en el espacio,
pero esforzándose por darle al público
la mejor impresión,
declarando su derecho al descanso
junto a las escalinatas de mármol del Corcoran.
Nadie les preguntó de dónde venían,
ni cómo habían llegado hasta allí,
por cuánto tiempo habían hecho
penitencia sin el alivio de una Coca Cola,
ni siquiera de un *hot dog*
comprado al carrito de la esquina,
por el bien intrínseco de sus almas;
cómo habían logrado reclamar
aquel territorio valioso
de entre los miles de otros vagabundos
que buscaban dónde protegerse
del viento congelado en alguna parrilla
deliciosamente caliente como aquella,
y tenían que conformarse con drones de basura
encendidos como fogatas en las calles
de los arrabales,
que por lo general constituían
bocas de Infiernos mucho menos generosos.
Quizá opinaban que los ventiladores
de las aceras
estaban destinados a ser escenarios
para las *vedettes* como Marilyn
durante sus *tours* de modelaje con Lord Avedon,

on one of his flying cauldrons.
Nothing had prepared me for this,
the paramount indifference to the work,
to its hidden meaning,
the exquisite harmony of the composition,
as they rapidly walked by
turning their faces away just because
this was art of a different kind.

Translated by Rosario Ferré

que se especializaba en rubias platino,
y las fotografiaba dando saltitos
y bajándose nerviosas las faldas
como mariposas rebeldes.
O quizá aquella parrilla era en realidad
un taller experimental de George Segal,
que exhibía allí sus esculturas
moldeadas sobre los cuerpos de mendigos
viajeros como ellos,
para que el aire tibio les fraguara las carnes,
o a lo mejor pensaron que era un altar
al mismo Luci Fer,
que secaba allí sus alas de cuero
al estilo Paloma Picasso
luego de una travesía particularmente agotadora
en una de sus pailas.
Nada me había preparado para aquello,
la indiferencia sublime de los transeúntes
a la obra escultórica,
a su significado secreto,
mientras se alejaban de allí lo más
rápidamente posible
volviendo la cara
para no verla,
nada más porque se trataba
de una obra de arte completamente distinta.

The Shadow of Guilt

"Mother, why do blacks
go around the house barefoot?"
"They were born in the wild, dear
they don't like to wear shoes."
Eusebia, Brambon, and Santiago
Carmelo, Arsilio, and Casilda
were always doing house chores.
The silence of the jungle
went everywhere with them:
Eusebia's skin was a swamp;
her sweat steamed my father's shirts
every time she ironed them.
Arsilio watered the plants;
Carmelo buffed the tiles;
Casilda polished the silver,
and when I think of Brambon, I remember
the perfect way his skin
blended in with the Packard.
Blacks with pink skin
under their feet,
they grew old without a trace of gray
dusk falling on their cheeks
dawn flashing on their smile
and in their eyes the silent shadow
of the tiger walking by.

Translated by Rosario Ferré

La sombra de la culpa

—Madre, ¿por qué los negros
andan descalzos?
—No son como nosotros, hija.
Los trajeron de bárbaros países
y siguen siendo bárbaros.
Eusebia, Brambom y Santiago,
Carmelo, Arsilio, y Casilda
siguieron en sus ajetreos por la casa.
El silencio de la selva les acolchaba
los pasos, pero yo pensaba que era
porque no usaban zapatos.
Eusebia planchaba
con ensalmos de Macumba
las camisas de mi padre
y dejaba en ellas el zumo
de los pantanos de África,
Arsilio regaba las plantas,
Carmelo enceraba las losas,
Casilda brillaba la plata,
y de Brambom recuerdo la manera en que su piel
se confundía con el Packard.
Negros con los pies rosados
llegaban a viejos sin canas,
en las mejillas la noche,
en los dientes la mañana,
y en la mirada la sombra
del tigre que pasa.

Tropical Storm

Tedious rain that pours
its sorrow down the secret
labyrinths of my ear, bending
backbones with its weight;
lashing ubiquitous green
over my screened summer porch;
sheet of water wrapped
around my breadfruit tree,
shaking its silvered sheaves of ash
over the bewildered palm that tugs
at life's fragile root;
sudden torrent that shatters
my delicately varnished plaintain
fans, prey to the whims of the wind;
you have left my garden flooded with murmurs
that seep from the crevices of my flagstone floor;
you have spilled fragments of my past
all over my gabled windows,
spreading forgetfulness like an even mantle
over my red tiled roof,
doubling, twixt rushing leaves and
sighing streams, the tears
that flood my regret.

Invernazo

Lenta muchedumbre que derramas
tu estruendo por el tímpano secreto
doblegando dorsales con tu peso;
fragosidad verde y tuberosa
que deshilachas las arecas y cercenas
las palmas cinceladas de las panas,
volteando las malangas relucientes
bajo el rumor del agua;
has dejado mi pórtico invadido de zarzales,
has inundado mi patio de murmullos
que surgen de las grietas de las piedras
y se agolpan en borbotones de silencio
en el estanque que se ahonda al fondo
del parque, desparramando sobre los aleros
fragmentos de pasado, añicos dispersos
por el polvo del tiempo, que precipitas
traidoramente, de vuelco en vuelco,
redoblando, entre las tejas voladoras
y las ráfagas, el llanto indetenible
de mi remordimiento.

The Poem's Rumba

To dance the poem's rumba
you must syncopate the cogitus
shake a shiver from the breast,
come and go from mound to rump
in a slinky, funky way.
Shake the copula by the shoulder
as well as by the bolster,
carouse with the one legged nosegay
in an exhilarating orgy of words.
Swing the noun into the verb
in a riotous, roisterous romp
and bob a two-step on a tile
following the leading note.
Set the pace and pucker the rhythm
to merrily lighten the load,
and shimmy up to the last verse
to make the heart rejoice.

Translated by Rosario Ferré

Rumbo del poema

Este poema se rumba cogitándolo,
taconeándolo en un frenético no me toques,
tongoneándolo en un simétrico sí te toco,
saliendo y llegando del tingo al tango,
tecleando tereques por entre nalgas,
en romática delectación morosa.
Se rumba cogiéndolo por el pomo
y por la poma, sacudiéndolo por hombros
y por pechos, y también por el antepecho,
agitando el cojitranco nazarino
por el condenado babalú del vino.
Se rumba coqueteándolo, computándolo,
la rima apretadita en una losetita,
en una sola teclita,
que nos marca el paso al sexto verso,
o a lo mejor al sexo inverso,
que nos frunce el ritmo y nos lo alitera
y también nos lo aligera,
hasta la penúltima desdicha del olvido,
hasta el último des dicho del dolor.

The Seafaring City

I wonder if you truly exist,
or if you do so only in dreams
thanks to those who have loved you
for generations.
You may call it a vice or an obsession,
but I've fallen into the habit
of wandering down your ancient streets.
I need your ancient smells
in order to survive each day,
the smell of powder and incense,
the mold of your military walls and prisons,
the urine of beggars spilled behind
church walls,
the sweat and semen of sailors
strolling with prostitutes down
Calle Luna, heading
towards the wharves at dawn,
the stench of codfish
and cheap Portuguese wine
that sticks
to brick and mortar like
ghost clings to bone
long after the flesh has fallen away.

I find myself returning
to you again and again
as you plow the windy Atlantic,
a ship sailing rapidly across the sky,
with crowds of smiling phantoms on board
admiring what they own.

La ciudad navío

Me pregunto si existes
si en algún lugar del mundo has existido nunca
y quizá por eso te sigo buscando
por los edificios olientes a ruina que reincide en hábito
o quizá en vicio,
al pie del cielo raso encalado cuidadosamente por el
    restaurador
entre las vigas de ausubo negras como el pecado
e igualmente paralelas e inevitables,
o por el ojo de buey siempre atento en lo alto
como una sandía azul recortada a pleno vuelo contra el muro
de por lo menos cuatro brazos de espesor,
ciudad marina y a la vez celeste en la que el cielo
se confunde día a día con el mar,
he envejecido bastante desde la primera vez
que caminé por tus calles, sin saber cuántas
veces repetiría la ceremonia.

La claridad del mar me llamaba como una enorme nostalgia
y el azul era tu color predominante.
Los cardúmenes descendían a chorros por entre tus aceras
    musgosas
convertidos en azulejos inquietos un día de mucha lluvia,
tus casas, de fachadas líquidas como miradas
desleían Calma y Tranquilidad en la distancia
como si contemplaran, pintiparadas sobre los tacones
de sus adoquines, las neblinosas lejanías de Villalba.
Por tu añil más recóndito viajaba el sueño
que no siempre se desprendía de la periferia del orbe,
pisar tus calles ya daba ganas de navegar

You've withstood four hundred
years of history, and will surely endure
another four hundred,
therefore granting immortality
to those who travel on deck.

From the bulwark we can see your houses,
painted white and billowing
over the ocean like sails;
your ceilings
supported by ausubo beams,
black as sin and just as
everlasting;
your windows
portholed against the sky to let the blue
iris of God inside;
your transoms that look
like flying watermelons
full of sweet rain water
we've brought along for our voyage.
I've aged considerably since the first time
I roamed your streets,
unaware I was observing a ceremony
that would endure for centuries.
When it rained I went down
to the wharf, to watch God
pinch the
sea at a million places.
I loved to plunge into the
warm, blue waters
up to my neck, to get away from the cold scarf
of rain and wind that wrapped itself
about the city in gusts.
My fingertips became
wrinkled plums

porque todo el mundo sabía que tus adoquines
habían venido de lejanas tierras
y que habían servido de lastre a las fragatas vacías
que luego regresaban a Europa como urnas perfumadas,
llenas hasta reventar las estibas de azúcar, de tabaco y de café,
balanceándose pesadamente sobre el agua.

El aire también me llamaba;
yo venía de Ponce, donde las casas eran terreras
y polvosas, asfixiadas por la miopía estéril
de las tierras del sur,
apabulladas por una gravedad de cal y canto
que las anclaba irremediablemente al valle,
donde las damas con batas de volantes rosados suministraban
el elixir del consuelo a los hijos enfermos,
dedicadas desinteresadamente a velar
por las pupilas encendidas de los cirios
que se consumían mansamente en el seno del hogar.
Pero aquella ciudad de atávicos fuertes voladores
que se adentraba a toda vela por el azul cobalto
era algo extraño, yo no estaba acostumbrada a tanto aire,
a aquel bautizo atrevido de espuma y sal,
al yodo rebelde ardiéndome sobre los labios,
a aquel empinado subir y bajar
para de pronto divisar el mar a la vuelta
de cualquier esquina, aquel navío gigante
que se adentraba por los muros de las casas
como si les hiciera el amor
iluminado y todo vestido de gala,
al revolar de faldas y melenas
en la esquina de la Plaza de Armas,
que no nos dejaba ver mientras nos lo veían
todo, los pordioseros sentados en la acera
cuya única limosna era ver, los jóvenes
delicuescentes, víctimas del sofocante deseo

spread delicately before me,
my lips purple from laughing
at the faraway thunder that flashed
ominously above.

Blue was your favorite color.
It shimmered at the end of each street
like a stroke of nostalgia
and beckoned to me.
Everyone knew your smooth cobblestones
had come from faraway lands,
as ballast to the empty frigates
which later returned to Europe like perfumed urns,
bursting with sugar,
tobacco, and coffee,
rocking heavily across the Atlantic.
Your alleys
turned into schools of fish after every storm
and poured over your mossy
sidewalks like fleeing dolphins.
Your houses seemed to melt under
the rain, their façades
freshened by the caress of
rivulets running down
gurgling gutters,
the street signs
shimmering Calma and Tranquilidad
at every corner.

The breeze also beckoned to me.
I came from Ponce, where houses were one-storied
and dusty, pegged to the sterile myopia
of southern soils,
burdened by a gravity of stone and brick
which anchored them to the valley;

del trópico, el choferito *préparaté*
y el revendón dormitando a la sombra
de su balanza encarnada,
procurando madurar lentamente, junto a
los aguacates, las papayas y los plátanos,
el gesto lascivo que le iluminaba las salpimentadas
mejillas, todos al acecho del deleitoso temblor
de las carnes al subir la cuesta más empinada
de Padín, sabiendo que al llegar a la cima el viento
repetiría otra vez su impertinente revelación
y que saldríamos de nuevo remontando los aires como
    Marilyn,
asidas a nuestras faldas como amapolas voladoras
que el viento dispersaría suavemente
al atardecer sobre el mar.
Aquella ciudad era una borrachera de sensaciones que
    mareaba,
una travesía liviana, aérea
un romper con todas las amarras
de esas culpas secretas que hunden troncos
en la tierra. Cada calle era un muelle
abandonado, un duelo a muerte con la resignación
y con la madre, restallando, como Nora
el portazo furioso con el que nos fuimos de casa.

Las lanchas de Cataño,
juguetes maravillosos de remendar el tiempo,
nos iniciaron en el hábito traicionero
del viaje. Máquinas marineras de hacer trutrú
iban suturando costa a costa nuestro destino
en una arriesgada operación de corazón abierto.
(Ya se van los Reyes, madre
bendito sea Dios,
ellos van y vienen
y nosotras no.)

where ladies in frilled peignoirs
selflessly watched over the sick
by the flaming pupils of long tapers
consumed in the bosoms of the home.
But San Juan was a city of flying fortresses
that sailed at dawn into the cobalt.
I wasn't used to so much wind,
to the daring baptism of foam and salt,
to the iodine searing my lips,
as one walked up and down the city's hills
and then suddenly, turning a corner
would tumble into the sea,
or be confronted by a huge vessel
ablaze with lights and in full regalia
piercing your ancient walls
as if making love to you.
One had to be careful with skirts
because they suddenly swooped around us
at the corner of Plaza de Armas,
or of the beggars seated on the sidewalk
whose only pleasure was to spy
on bikini panties
moist from the heat and
suffocating desire,
or the street vendors resting peacefully in the shade
of their scarlet *romana* scales
waiting for the papayas and the plantains to ripen
next to the avocados and pineapples,
their sly eyes half-closed
and their stubbly cheeks beaming with pleasure,
everyone on the prowl for the delectable moment
when we would step gingerly up the slope of Padín,
aware that, when we got to the top
the wind would repeat its impertinent revelation
and our skirts would soar in the air like Marilyn's,

Correr las olas de norte a sur es una experiencia
excitante, cantar canciones en castellano
y contar dinero en americano
es todavía más tonificante.
¿Quién puede embarcarse hoy por veinte centavos?
¿En qué otro lugar del mundo cuesta una peseta el boleto al
    Paraíso,
aunque sólo sea al paraíso falso de Cataño
que tiene hoy tan poco de verde,
o al genuino cielorraso de Nueva York
donde los bosques supuran heroína y alcohol
sobre la sien de los proscritos
que ríen, vuelan, se sienten inmortales
porque mañana han de pagar con lo que falta?
¡Por veinte centavos voy y vengo, madre,
por veinte centavos!
¡Como los Reyes Magos, madre,
como los Reyes Magos!
Pero cada travesía era una muerte lenta,
una proa que afilaba el bisturí en la noche
y separaba las olas de las entretelas del alma,
que nunca acaba de arribar a buen puerto.
Luego hay que zurcir las márgenes salpicadas de sangre
de los que se fueron a cosechar panes amargos
por entre los rascacielos de acetileno y plata.

Todo puerto es adolescente en su fuero interno,
y quizá también en su seno más
tierno. Hay siempre alguna dársena
secreta que se abre, como una vena suicida,
en dirección al mar, algún callejón
que deambula por la oscuridad marina,
hacia esa fugacidad perdida que buscamos.
Todo pórtico, como la juventud,
convida a usarse, a salir por él para algún día

grabbing hold of them like blossoming hibiscuses
which would disperse softly
over the sea at dusk.

The ferry purrs, a sewing
machine mending time.
It introduced us into the treacherous habit
of voyaging. A marvelous toy making trutrú sounds,
it basted our destiny from coast to coast
in a risky, open-hearted surgery.
(The Three Kings are here again, Mother
God bless them,
they come and go
while we stay home).
To ride the waves from South to North is exhilarating,
to sing songs in Spanish
and count money in English
is even more invigorating.
Where else can we ride a ferry
for a quarter?
In what other place in the world
does a ticket to paradise cost so little,
even though it may be the false paradise of Cataño
which nowadays has little greenery,
or the glass haven of New York
where steel forests ooze heroin and alcohol
onto those who laugh, fly, and dare to feel
immortal, because tomorrow they'll pay with
what change is left?
For a quarter we come and go, Mother,
for a quarter!
Just like the Three Kings, Mother,
Just like the Three Kings!
Though each voyage was a slow death
separating the flesh from the soul's inner folds,

volver a entar,
desafiando el tiempo impío del que se queda,
del que aguarda resentido a la orilla del camino
para ver el cuerpo de su peor enemigo pasar.
Todo embarcadero es un quicio vertical de voces,
una madeja de lenguas que entrelazan su aliento
al trajín de ricas mercaderías
de matizados colores y texturas.
Por sus delicados agremanes de espuma
se reconcilian sutilmente las razas
y los tiempos; así quedaron bordadas
en punto en sombra y en punto en cruz
a los tapices importados de lejanas tierras,
las blancas colinas capitolinas
de tus siete pecados capitales,
los estamentos más negros de tus arrabales,
el cuajo y el mondongo de tus amanecidos
que se bendicen la cruda junto a las alcantarillas,
tus perros realengos que orean felices
su pelambre anacrónica por los caminos reales,
las almenas castizas de tu Fortaleza,
el laberinto mozárabe de tus azoteas,
paraíso invertido de los gatos
que ensayan nocturnamente salsas operáticas,
el seráfico felino que deambula
por los abismos de tus tragaluces
y el mínimo demonio que vigila a pie juntillas
el angustiado devenir de nuestros sueños,
la submarina claridad de tus zaguanes
tallada en cuarzo límpido al vaivén de la memoria
una mañana aleve de diciembre,
la Garita del Diablo, prendida como un cardo
a los calzones almidonados de tus parapetos
los bailarines sicodélicos del Escambrón,
pertinaces en el arte de brillar la hebilla

as we never managed to reach a worthwhile harbor.
We had to darn the margins spattered with blood
and reap bitter bread
among the skyscrapers of acetylene and silver.

Every port has an adolescent consciousness.
There is always some secret jetty which opens,
like a suicidal vein, towards the sea,
some unseen channel
curling in darkness
toward that lost evanescence we seek.
Every portico, like youth,
demands to be used:
we must go through it into the world
defying the memory of those who stayed,
of those who, resentful of our success,
sat by the side of the road
waiting for the enemy's remains
to be carried by.
San Juan was an intoxication of the senses,
a sundering of all ties;
each street an abandoned pier,
a rendezvous with death and celebration
awaiting deep into the night.

I loved the city's tangle of tongues
whistling over the wharf like ropes,
the throng of voices
that interwove their breaths
with the hustle and bustle of merchandise
of many hues and textures.
Through their savory differences
races and times were subtly reconciled.
Its image was embroidered on a rich tapestry
of sun and shadows.

por los que se esgaritan nocturnamente los amantes
desposados al odio y al despecho,
al ritmo candente del cuatro por cuatro.

Desde los balcones del Viejo San Juan
los huesos de nuestros muertos queridos
agitan lánguidamente pañuelos
cuando nos dicen adiós.
Noel Estrada pasea sus húmeros
por la Calle de La Luna
entreverando nostalgias
por entre los recuerdos del alma,
y en la madrugada le tararea boleros a las prostitutas
que se quedan varadas al borde del orgasmo.
Los fémures de Clara Lair, suaves como cuellos de cisne,
agitan guirnaldas de opio sobre el agua
en honor a Pardo Adonis, el único recuerdo puro
de su existencia triste.
Desde el balcón del Ocho Puertas Joe Valiente
con sus blancos metatarsos trenza al piano
bellas danzas de Morel y de Tavárez,
y exime el corazón de sus pesares
al ritmo melancólico de marfil con marfil.

Compañeras de Odiseo
zarpamos un día en busca de la lejana Cólchide,
construida con los cedros perfumados del Líbano.
Llevamos tantos años viajando,
atrás quedó la blancura insoportable
recortada contra el azul del cielo,
las calles modestas por las que bajaban
las damitas recatadas de gracia y de donaire
y las aún más agraciadas y encopetadas putas,
de voces líquidas y cabelleras suntuosas
exhibiendo sus mercedes por la criollísima Caleta

In it were captured the white capitoline hills
of your seven capital sins,
the black domino of your slums,
the tripe soup favored by those
getting over their hangover
after carousing all night,
the stray dogs who happily loll
down the breezy royal roads,
the Catholic turrets of La Fortaleza
and the Muslim labyrinths of your roofs
that inverted Paradise for cats,
those tiny demons that wander about
the abysses of your skylights,
nightly rehearsing their operatic salsas,
the Devil's Sentry Box, fastened like a thistle
to the well-pressed trousers of your military ramparts,
where lovers hide to make love
before taking marriage vows,
the clarity of your doorways
engraved in limpid quartz to the ebb
and flow of memory on treacherous December mornings.

From the balconies of old San Juan
the bones of our beloved dead
wave languid handkerchiefs at us
and light up the nearby reefs
with their restless phosphorescence.
Noel Estrada strolls his bare shins
jauntily down Calle Luna,
haphazardly mixing nostalgias
as he chats arm in arm
with his prostitute friends.
Clara Lair's thigh bones,
fugitive as swan's necks,
peek out from the wooden balusters

de las Monjas,
el celaje rosado del atardecer en los óleos
de Campeche, la miniatura de la Dama a Caballo
que trenza a la crin de su alazán un relicario que lee
"De la dulzura viene la fuerza",
el calabozo alado de San Felipe del Morro,
las murallas medievales con su crinolina de espuma
bullendo al pie de la Calle del Cristo,
los escaparates criollos de la Calle San Francisco,
cada vez más destartalados por la liquidación
total, y los de la Calle Fortaleza
a punto de zozobrar bajo el peso del oro
que destila una mirra espesa y traicionera,
los turistas que pululan como moscas alrededor de los
        panales
con que los mercaderes de otras tierras tientan
a los compradores de otras tierras,
los adolescentes de la Calle San Sebastián
flechados por las saetas insanables del amor,
el aroma a café y a mallorcas recién horneadas,
último antojo de los moribundos que agonizan en capitales
        remotas,
San Juan Bautista
invocando el Apocalipsis con el dedo
al son del Engracia baja para que veas esto,
Toribio tocando su güiro en la esquina de la Tanca,
los coches atrapados como peces candentes
entre la San Justo y la Tetuán,
los muelles repletos de emigrantes recién llegados
o a punto de partir,
las muchedumbres vociferando su júbilo y su angustia
bajo el sol siderúrgico de las tres de la tarde,
la ciudadela rodeada de espejos en la que Narciso
ha perdido todo deseo de comunicarse con el mundo.
Pero lo cierto es que todavía no la hemos encontrado,

of her Spanish-style balcony.
Every night she adorns it with wreaths of opium
in honor of Pardo Adonis,
the black lover who remained
the only joyous memory of her sad life.
At Ocho Puertas Joe Valiente plays the piano
hands bare of all flesh:
beautiful *danzas* by Morel and Tavárez
to the melancholy click of ivory keys.

Faithful companions of Odysseus,
we set sail in search of faraway Colchis,
built with the perfumed cedars of Lebanon,
and left the flying city behind us
stamped against the blue of the sky.
Through memory's mist we can still see
the strolling grace and charm of the elegant *señoritas*
and also the most gracious and haughty whores
who exhibited their sumptuous hairdos
down the very Creole
Caleta de las Monjas;
the pinkish clouds in Campeche's painting,
the miniature Lady on Horseback,
braiding the mane of her chestnut-colored steed
in a locket inscribed: "All strength proceeds from sweetness;"
the medieval battlements with their crinoline of foam
rustling at the foot of San Felipe del Morro;
the barren shop windows on Calle San Francisco,
more bankrupt each day and
about to go under,
as tourists swarm like flies
around the jewelry windows on Calle Fortaleza;
the splendor of foreign gold
distilling the thick, treacherous honey
with which merchants of other lands

imposible descubrir su ubicación exacta,
el latido preciso de su longitud
geográfica, la ciudad no sufre paralelos
ni puntos de partida,
no admite vectores que tracen punto fijo
a su vertiginoso corazón.
Deshace de continuo sus muros sobre el agua,
parece hecha de harina de mar o quizá de llanto,
al atardecer se destaca con mayor nitidez
su albicante geometría
y aparece reflejada cruelmente en el espejo del alma.

Y sin embargo, no bien volvemos hacia ella la mirada,
su presencia se esfuma en un laberinto de algas.

tempt buyers of other lands;
the teenagers of Calle San Sebastián
pierced by the incurable arrows of love;
the aroma of coffee and of freshly baked *mallorcas,*
the last whim of our moribund countrymen in remote cities;
St. John the Baptist standing before the Capitol
and shaking his finger at God
al son del Engracia baja para que veas esto;
Toribio playing his *güiro* at the corner of Calle Tanca
as drivers trapped in their white-hot cars
between San Justo and Tetuán
call out in anguish;
the piers milling with immigrants recently arrived
or about to leave;
the flying city surrounded by mirrors
in which Narcissus has lost all desire
to communicate with the world.

We've voyaged for many years
but still haven't found you.
It's impossible to discover your exact location,
the precise latitude of your ramparts.
The city doesn't endure parallel lines,
or allow vectors to trace its
buffeted heart.
Its walls are perpetually crumbling into the sea
as if they were made of salt, or maybe tears,
at dusk its blinding geometry
becomes outlined in greater detail,
as it cruelly resurfaces
in the mirror of the soul.

And yet
no sooner do we look back,
it vanishes like a labyrinth of algae.

Poems from
Fábula de la garza desangrada
Fables of the Bled Heron

Translated from the Spanish by Alan West and Rosario Ferré,
except where otherwise noted

To the Knight of the Rose

In his embrace I embraced them all:
The rose of stone and the rose of sleep,
the river's rose and the dark wine's rose,
the rose that flamed at noon
over the skull of the sun,
the rose which girded
my brow in coronets of ice,
the rose that crowned
the rose's thorn,
the rose that wove love's ecstasy in garlands
at marriage feasts, and that which snowed
slow ash and agony
upon the face of the dying,
the rose of smoke and the poem's rose
the rosary's rose and the tiger's rose,
the blood red rose and its living bruise
that will make my death
burst into bloom,
my clean swept terrace and the breeze of roses
nodding through the balusters of noon,
the rose that clings to the stairs
and the one securing the lock
after he's closed the door,
the rose of his sex and the rose of his foot
pink and warm upon
the milk-white cloth of morning,
the rose of the lover who greets me and has yet to leave.

Al Caballero de la Rosa

En su abrazo yo las abrazaba:
las rosas de la piedra y las del sueño
las rosas del torrente y las del vino
las furibundas rosas cinceladas
sobre el cráneo del sol, en ajetreo continuo;
las de apretada nieve, rosas, con que ciño
mi frente en un círculo de llamas,
y las implacables que coronan
la espina de la rosa;
las que disgrega el éxtasis en torno
a los banquetes del amor, y las que llueven
ceniza y agonía
sobre la faz del moribundo;
las rosas del poema y las del humo
las rosas del rosario y las del tigre,
las invisibles rosas de mi sangre y las azules
que hará brotar mi muerte,
mi terraza barrida y la brisa de las rosas
entrando por los balustres de la tarde;
las rosas que treparon la escalera
y la que se prendió a la cerradura
al él cerrar la puerta;
las rosas de su sexo y de su pie
restañadas y aún tibias sobre el lienzo
alimenticio y lechal de la mañana,
las rosas del que llegó y aún no se ha ido.
En sus brazos yo las abrazaba:

In his arms I embraced them all:
the morning rose as yet unpruned
that wove forgetfulness above the stem
and that unrivaled, everlasting
of all that was or ever might have been.
The naked rose of the rose.

la lacerante rosa aún no podada
que balancea su olvido sobre el tallo,
y la incomparable que perdura
en todo lo que fue, o pudo no haber sido.
La rosa desnuda de la rosa.

Requiem

Theseus was finally convinced:
the Minotaur was his destiny.
He rose and picked up his shield.
As he strapped on his sandals,
the bracelets on his arms rang out
like lightning.
Legs apart, Cyclopean, he stood over Ariadne
and resolutely fit the dagger to his waist.
He whispered in her ear
that one day he would be back
and present her with a rich horn of ivory
borne on damasked cushions from across the sea.
Theseus embraced her one last time
and strode off with a swagger
lighting up the labyrinth with the gleam of his sword.
Ariadne leaned against the wall
and slid down slowly until she sat
upon the stamped-down dust of
nothingness (no bottom there).
A sudden pain tore at her insides,
and warm wine
began to run between her legs.
She had begun to abort the Minotaur.

Translated by Rosario Ferré

Requiem

Teseo se ha convencido al fin:
el Minotauro es su destino.
Se levanta y se ciñe al cuerpo el escudo.
Al calzarse las sandalias, las ajorcas de sus brazos
tañen como relámpagos.
Perniabierto y ciclópeo se cierne sobre Ariadne
y se ajusta al cinto el puñal.
Le susurra al oído que algún día habrá de regresar.
Le ofrecerá entonces una rica cornamenta de marfil
transportada sobre cojines de brocado
desde el otro lado del mar.
Teseo la abraza por última vez
y se aleja,
iluminando el laberinto con el brillo de su espada.
Ariadne se apoya contra el muro.
Escruta las galerías con el ojo ahusado,
ahilado en la negrura como un cono de luz.
Una espiga de cartílagos glaciales
se le ha astillado a lo largo de la espalda.
Se desliza hasta encontrar asiento sobre el polvo
apisonado de oscuridad sin fondo.
Un dolor le desgarra súbitamente las entrañas
y siente un vino tibio escurriéndosele por la entrepierna.
Ha comenzado a abortar al Minotauro.

Opprobium

My name is Antigone: I was buried alive
by those who owed salvation to obedience,
by those who threatened to abuse with fear,
by those who entrusted to the tyrant's care
their heavy orchards, laden with golden fruit.
With the moon of my menses I wove the shroud
in which I burn, unblemished, at the dregs of my death.
Centuries have gone by and still my blood
betrays me: it springs, leaps, pours out
on every street corner of the land
each time a rebel dares to curse the tyrant.

El oprobio

Me llamo Antígona. Viva me sepultaron
los que debían su salvación a la obediencia,
los que amenazaron y abusaron con el miedo,
los que confiaron al cuido del tirano
los huertos de sus árboles de oro.
Con la luna de mis menses tejí la mortaja
en la que hoy ardo, al fondo de mi muerte.
Han pasado los siglos y todavía la sangre
me delata. Se me zafa, se me salta, se me vierte
cada vez que, en una esquina cualquiera de la patria,
el sublevado se atreve a maldecir al sátrapa.

Negative

Because you loved to serve your lover
a comforting blue coffee on the hour,
because you loved to nurse, within the enclosure of his arm
a fear so great that it encompassed all forms of death,
because you minced daintily amongst cups and saucers
while your lover tore up the world
razed to the stature of your ankle,
in honor of the swan song and the jewel
with which he wooed you on your last full-bellied moon,
for embalming your heart under the earth
after removing it from his rib,
in honor of your stone-dead birth
and the ever-loving swindle of your skirt,
in liege of those mills of oil and honey
which remain ever silent in your hands,
the lesser and the greater thronging of your flocks
and the smoking labyrinths of your hives,
for bearing, between your manly lips
upon your manly tongue
under your manly shoulder
a heart that, striking rudely, like a man's
would tear down a mountain with its fists
as your elbows, your legs and your arms
melt in soft rivers of oil and bile
thus confirming the authenticity of your sex,
because you refrained wisely from excess, were prudent

Negativo

Por la bondad con que le sirves a tu amado
un cafecito azul a cada hora;
por amamantar el miedo con que abrazas
en su abrazo todas las formas de la muerte;
por andar entre tacitas y legumbres
cuando tu amado despena hasta el tobillo
del mundo, cosechando y sembrando sus tesoros,
por los cantos del cisne y por la joya
que te obsequió en tu reciente plenilunio;
por amojamar tu corazón bajo la tierra
luego de sustraerlo a su costado;
por la sorda epifanía de tu humildad
y la amorosa estafa de tu falda;
por quedar siempre mudos en tu mano
los molinos de aceite y los del vino,
el número mayor o menor de tu ganado
y el humeante pulular de tus colmenas;
por nacer entre tu labio de hombre,
sobre tu lengua de hombre,
bajo tu hombro de hombre,
un corazón, que a golpes, más que hombre
un monte puesto encima rompería
en tanto que tus codos, tus piernas y tus brazos
pálidos de aceite y hiel,
comprueban que eres mujer, y verdadera;
por moderarte, ser paciente y barajar

and as a young maiden learned to shuffle,
dealing patiently twixt yourself and your shadow,
in honor of all these and a few others
which come to mind as I consider your condition
I wonder who you are, who imagined
this face that pauses by my mirror.

estándote contigo y con tu sombra;
por todas estas cosas y otras pocas
que al contemplar tu estado considero,
me pregunto quién eres, quién inventa
esta imagen que en mi espejo se detiene.

Positive

Wandering down time's passageways
from dream to dream I roam
from dream to blow,
arguing with every shadow
that strives to fall over my heart.
Seated at the end of the world
its beat propped up against the sky,
it knows no rest in its unhappy search.
Oh unyielding heart,
rare root by which I rise
to the depths of myself and of that wrath
which alone can soothe my soul, because alone
it stood, sole witness to my birth,
pair me under your cloak of arms,
couple me to your dreams,
exhume me to your unquiet peace!
In honor of all the tenderness and good
which grew from love's unfathomable abyss,
in honor of that faithful, soft-tongued fraud
with which you argued, in illusion, to mislead
love's lone company,
in honor of the sheer diamond and the pure luck
with which you hid and deceived
the bursting point of bliss within your chest,
because you dared bedevil and bejest
at your left ventricle's edge
the executioner's greed
that would mince, slice, rip out the heart
while kneeling in prayer over the bowed neck

Positivo

Errando por el camino de los siglos
de sueño en sueño avanzo y me detengo
a cada duda, a cada golpe y le confiero
la guerra a cada sombra que desmiente
a mi implacable corazón.
Sentado al fin del mundo
y apuntalada ya su vida en la mitad del día,
desespera de hallar lo que buscaba.
¡Oh indetenible corazón!
Única raíz por la que subo
al fondo de mí misma y de esa furia
con la que sola mi alma se consuela, porque sola
me vio nacer;
revísteme a tu orden
convéxame a tu sueño
exhúmame a tu paciencia trashumante.
Por toda la ternura y todo el bien
que crece del amor y sus abismos;
por ese engaño fiel con que inventabas
la ilusión de no haber nacido solamente;
por el puro diamante y por la pura dicha
con que ocultas y rezumas tu saliva
a punto de estallar dentro del pecho;
por estarte endemoniado y ventilar
al borde de tu ventrículo derecho
la codicia de los degolladores,
de los que comen, tajan, pudren el amor
hincados sobre el cuello
del dios;

of the god,
because your skeleton persists in its embrace
because you *kissed an elm,* because you loved,
in honor of all these I swear my vow:
along this same, solitary road
your twin, uncoupled heart will one day
come to pass.

Translated by Rosario Ferré

por empeñarte en abrazar a tu esqueleto
por *llevarte un roble al labio,* porque amas;
por todas estas cosas te prometo
que por este mismo camino exigiré que pase
tu gemelo corazón impar.

Envoi

To my mother and to my mother's monument,
to my aunts and to their well bred manners,
to Martha as well as to Mary
because she dared to choose the better part,
to Francesca, the immortal one, because from deepest Hell
she insists on praising love and agony,
to Catherine, who unravels over water
the pristine obscenities of her ecstasy
as she strums upon the axe's whistle,
to Rosario, and to Rosario's shadow,
to the Erinyes and the Furies who, locked in amorous strife,
mourned and sang harmoniously by her cradle,
to all those who agreed to condescend
I dedicate the completion of these verses.
Because I sing,
because I sew and shine and ache and rearrange
the ever changing harmony of my bones,
because I cry and trace, o'er my goblet's vanished breath
the humors of my human born experience,
I name myself my own hand's irate foe
as I avenge my destiny's misfortune.
Because I live, am a woman, and hesitate to silence
my obstinately crimsoned lips,
because I laugh, and keep my promises, and love
to iron, amongst all of us, the tiniest creases of my chaos,
today I ring out in praise of joy and glory.

Envío

A mi madre, y a la estatua de mi madre.
A mis tías, y a sus modales exquisitos.
A Marta, así como también María
porque supo escoger la mejor parte.
A Francesca, la inmortal, porque desde el infierno insiste
en cantarle al amor y a la agonía.
A Catalina, que deslaza sobre el agua
las obscenidades más prístinas de su éxtasis
únicamente cuando silba el hacha.
A Rosario, y a la sombra de Rosario.
A las Erinias y a las Furias que entablaron
junto a su cuna el duelo y la porfía.
A todas las que juntas accedieron
a lo que también consentí,
dedico el cumplimiento de estos versos:
Porque canto;
porque ordeno, brillo y limpio y aún me duelen
los huesos musicales de mi alma;
porque lloro y exprimo en una copa
el jugo natural de mi experiencia,
me declaro hoy enemiga de ese exánime
golpe de mi mano airada,
con el que vengo mi desdicha y mi destino.
Porque amo
porque vivo, y soy mujer, y no me animo
a amordazar sin compasión a mi conciencia;
porque río y cumplo y plancho entre nosotras
los más mínimos dobleces de mi caos,
me declaro hoy a favor del gozo y de la gloria.